T0282969

Sistemas automatizados de trading

Un enfoque sistemático para que los traders
ganen dinero en mercados alcistas, bajistas y laterales

Laurens Bensdorp

EDICIONES OBELISCO

Colección Empresa
SISTEMAS AUTOMATIZADOS DE TRADING
Laurens Bensdorp

Título original: *Automated Stock Trading Systems*

1.ª edición: noviembre de 2022

Traducción: *Manuel Manzano*
Maquetación: *Juan Bejarano*
Corrección: *Sara Moreno*
Diseño de cubierta: *Isabel Estrada*

© 2020, Laurens Bensdorp
(Reservados todos los derechos)
© 2022, Ediciones Obelisco, S. L.
(Reservados los derechos para la presente edición)

Edita: Ediciones Obelisco, S. L.
Collita, 23-25. Pol. Ind. Molí de la Bastida
08191 Rubí - Barcelona - España
Tel. 93 309 85 25
E-mail: info@edicionesobelisco.com

ISBN: 978-84-9111-923-4
Depósito Legal: B-15.579-2022

Impreso en SAGRAFIC
Passatge Carsí, 6 - 08025 Barcelona

Printed in Spain

*A papá: gracias por tu amor incondicional. Estás en el cielo,
pero no pasa un día en que no piense en ti.
A Jose, Naty y Sofía: gracias por ser unos hijos tan excepcionales.
Me habéis enseñado más sobre mí mismo de lo que jamás sabréis.*

Gracias por leer este libro. Realmente espero que lo encuentres útil. También reconozco que algunas personas aprenden mejor cuando la información se presenta en diferentes formatos. ¡Después de todo, esto es mucho material y muchos números!

Algunas personas aprenden mejor al verme y escucharme. A continuación hay un enlace exclusivo para que los lectores accedan a una serie de vídeos en los que cubro el material del que hablaré en este libro, junto con contenido adicional. El curso en vídeo profundiza en el material, con ejemplos claros y una explicación cuidadosa. Espero que encuentres esto, también, útil en tu viaje.

Busca el enlace al curso de vídeo gratuito aquí: https://tradingmasteryschool.com/book-offer, (recurso en inglés).

AGRADECIMIENTOS

Creo que las personas que han alcanzado el éxito sólo pueden haberlo hecho realmente si tenían una gran pareja que los ha apoyado. Mi esposa, Madelin, ejerce un gran impacto en mi vida. Ella me entiende tan bien que puedo disfrutar de mi vida de manera óptima y de la libertad que deseo. Cuando tengo dudas o inseguridades, ella es quien me empuja. Eso es increíblemente importante. Tengo con ella una gran deuda de agradecimiento, porque mi éxito se debe a su amor y apoyo.

Gracias a Scribe Media, mi editorial. Todo el equipo ha hecho un trabajo fenomenal. Un agradecimiento especial a mi editor, Hal Clifford, quien ha sido para mí un maestro del lenguaje, convirtiendo mis ideas y pensamientos en un texto muy legible que refleja mi estilo personal y la manera en la que quiero que la gente me vea y me entienda. Ha demostrado ser una persona con una gran paciencia a lo largo del proceso de creación de este libro, me ha mantenido en el camino cuando me desviaba hacia un contenido que podría no haber sido el mejor, y nunca se quejaba cuando aparecía con nuevas ideas. Ha sido un verdadero colaborador, un compañero de ideas que se ha esforzado por hacer que el libro fuera lo mejor posible.

Tom Basso es un amigo y socio que leyó este manuscrito con cariño y detenimiento y me dio excelentes consejos que lo mejoraron notablemente. He tenido la oportunidad de trabajar con él en muchas ocasiones, y seguimos trabajando juntos codirigiendo seminarios. Me produce mucha alegría compartir con él el placer de enseñar.

Por último, quiero darles las gracias directamente a todos mis alumnos de los programas Elite Mentoring y Quantum Mastermind. Hablo desde el corazón cuando digo que no tenéis ni idea del impacto que habéis tenido en mi vida. Me encanta enseñar y me encanta operar. Sin embargo, el trading puede ser una profesión muy solitaria. No puedo hablar de ello con mi esposa ni con la mayoría de mis amigos, que no están interesados. Así, la oportunidad de trabajar con un grupo de personas afines, brillantes, comprometidas y con ganas de aprender y mejorar significa una alegría enorme para mí. Hacen preguntas inteligentes, brindan excelentes comentarios y me han convertido en un mejor trader. Son una gran razón por la que puedo vivir mi propósito con alegría.

PRÓLOGO

por Tom Basso

Es todo un honor escribir un prólogo para el libro de un amigo y un *trader* tan inteligente y decidido. Laurens lo domina. Muchos traders no. Hay varias razones por las que éste es el primer libro que recomiendo a los traders que intentan mejorar sus enfoques en los distintos mercados. Permíteme ofrecerte algunos pensamientos al respecto.

Muchos traders con los que me encuentro piensan en intentar crear el sistema «perfecto», aunque prefiero la palabra «estrategia». Si el enfoque no siempre produce una ganancia y tienen una idea para modificarlo que mejora la estrategia, van con el último ajuste a los mercados y utilizan la idea más reciente. Meses después, otra idea, otro ajuste y el proceso se repite.

Laurens aborda esto desde un punto de vista bastante diferente y que yo he utilizado durante décadas. Las nuevas ideas no necesitan ser un ajuste de una estrategia existente. Pueden ser un sistema completamente nuevo. En otras palabras, no hay ninguna razón por la que no se puedan ejecutar varios sistemas al mismo tiempo. De esta manera, los múltiples enfoques pueden diversificarse entre sí, lo que ayuda a regular el rendimiento y reduce las posibles caídas.

¿Por qué detenerse en dos estrategias? Los ordenadores y las plataformas de *trading* te permiten soñar con muchos enfoques que pueden ser válidos y satisfacer tus necesidades. ¿Por qué detenerse sólo en el seguimiento de tendencias? ¿Qué hay de la reversión a la media? ¿Qué hay de la cobertura? ¿Qué tal tener estrategias construidas con un sesgo hacia la producción de ganancias en mercados alcistas y otras diseñadas para ganar en mercados bajistas? ¿Qué tal una lógica a corto plazo para períodos laterales cuando las tendencias del mercado son breves?

Todas estas estrategias enfocadas ayudan a que la cartera sea sólida en TODAS las condiciones del mercado y contribuyen a reducir el riesgo corporativo de las acciones de cualquier empresa a un nivel manejable. Cuando Laurens afirma intercambiar cincuenta estrategias simultáneamente, no está bromeando. Lograr todo esto, por increíble que parezca, le lleva muy poco tiempo una sola vez al día, una hazaña impresionante.

Laurens cree, como yo, que cada trader es diferente. No existe una manera que proporcione un éxito igual a dos personas con diferentes conjuntos de habilidades, tolerancia al riesgo, niveles de capital, compromisos de tiempo y ubicaciones geográficas. Simplemente no es posible.

En otras palabras, Laurens no debería operar como tú, y tú no deberías operar exactamente como Laurens. Laurens te muestra conceptos fáciles de entender que mueven al trader en la dirección correcta. Hacia dónde te muevas desde allí depende sólo de ti. Puedes terminar utilizando sólo algunos sistemas de manera simple, o puedes profundizar más y desarrollar algunos indicadores propios. Al final, llegarás a una respuesta diferente a tu desafío de trading específico que la respuesta de Laurens a su propio desafío personal de trading. Laurens y yo hemos comparado notas sobre nuestro trading, y él y yo operamos de manera muy diferente, pero ambos tenemos éxito en lo que hacemos utilizando los conceptos descritos en este libro.

Laurens entiende la importancia del tamaño de la posición en el trading. Y en este libro acierta de pleno. Sin buenos conceptos de tamaño de posición, la mayoría de los traders tendrán dificultades. Sufrirán un conjunto de resultados más erráticos y psicológicamente difíciles y, a menudo durante condiciones estresantes, buscarán pastos más verdes con otro nuevo enfoque.

Aunque Laurens no es un gurú de las estadísticas, entiende perfectamente cómo mejorar la rentabilidad del riesgo de su cartera. He tenido conversaciones con administradores de capital profesionales que no pueden comprender las matemáticas de agregar estrategias de trading no correlacionadas de menor rendimiento para mejorar la relación rendimiento-riesgo de la cartera. Laurens sabe de primera mano que agregar una estrategia diseñada para lograr un objetivo extremadamente específico en un cierto tipo de mercado puede reducir las pérdidas. Un menor riesgo mejora el aspecto mental de la negociación, que los traders y los clientes de gestión de capital suelen pasar por alto. Muy a menudo, cuando los tiempos se ponen difíciles, la tendencia de los traders e inversores a abandonar el plan se vuelve abrumadora. Mantener el rendimiento del riesgo lo más alto posible simplemente hace que el viaje sea más fácil de tolerar.

Laurens lo explica todo detalladamente con una lista de doce elementos que todo sistema o estrategia debe tener para funcionar a largo plazo. Si te pierdes cualquiera de ellos, seguramente harás que tu experiencia en el trading sea más dura. La mayoría de los traders con los que hablo pueden tener la mitad o menos de estos conceptos en sus estrategias de trading y, en última instancia, fallar por su ausencia.

Cuando Jack Schwager me etiquetó como el «Señor Serenidad» en *The New Market Wizards,* vio que yo trataba el trading como un negocio. No había cambios emocionales, sino muchos cálculos numéricos con ordenadores y retornos suaves, casi mansos, que contribuían a mi estado mental de serenidad. Cuando les digo a los traders que «disfruten del viaje», les estoy sugiriendo que el trading no tiene por qué dominar cada segundo de su vigilia. Tener un estilo de trading que te permita disfrutar de tu vida y aun así administrar tu cartera es un objetivo serio que todo trader debe considerar.

Laurens maneja su cartera con esa actitud y enfoque, y este libro te dice cómo puedes mover tus operaciones en esa misma dirección deseable.

¡Disfruta del paseo y del libro!

Tom Basso

Presentado en *The New Market Wizards* como el «Señor Serenidad» por Jack Schwager.
   Autor de *Panic-Proof Investing: Lessons in Profitable Investing from a Market Wizard*.
Autor de *Successful Traders Size Their Positions: Why and How?*
Tema central del libro de Michael Covel *Trend Following Mindset: The Genius of Legendary Trader Tom Basso*.
Ex director general de Trendstat Capital Management, Inc.
Exdirector de la Asociación Nacional de Futuros, una de las organizaciones reguladoras de EE. UU.
Exárbitro de la Asociación Nacional de Futuros.
Exdirector de la Society of Asset Allocators and Fund Timers Inc. (SAAFTI), ahora conocida como National Association of Active Investment Managers (NAAIM).
Licenciado en Ingeniería Química por la Universidad de Clarkson.
Máster en Administración de Empresas por la Universidad del Sur de Illinois, en Edwardsville.
Creador de un sitio web dedicado a la educación en trading: enjoytheride.world
Presidente de la Junta de Standpoint Funds en Scottsdale, Arizona, una compañía de administración de fondos especializada en fondos de todo tipo que combinan enfoques de acciones y futuros en una sola cartera.

¡Ahora felizmente jubilado y disfrutando del viaje!

L a década que comenzó en marzo de 2009 fue buena para los asesores de inversiones fundamentales. Durante los últimos años ha sido fácil ganar dinero porque los mercados siguen subiendo. Pero seamos claros: no hay que confundir un mercado alcista con la habilidad personal. Como durante un tiempo ha resultado fácil ganar dinero, la gente confía cada vez más en que los mercados seguirán así.

Sin embargo, nuestra memoria es corta. Muchos operadores olvidan cómo fue la experiencia del mercado en 2008. Y aunque a finales de 2018 teníamos una idea de cómo se ve una recesión, a la publicación de este libro a mediados de 2019, los mercados están rozando los máximos históricos una vez más. Tarde o temprano, los mercados alcistas llegan a su fin. Habrá un mercado bajista. No sabemos cuándo. No sabemos de qué dimensiones. Pero cuando llegue, será feo, más feo de lo que la mayoría espera. He escrito este libro porque quiero que organices tus inversiones de tal manera que estés protegido y puedas obtener grandes ganancias en mercados de todo tipo; en esencia, para hacerte mentalmente inmune a cualquier tipo de movimiento del mercado, ya sea hacia arriba, hacia abajo o hacia los lados. De lo contrario, es muy probable que pierdas parte o la totalidad de las ganancias que has obtenido durante los últimos ocho o diez años. Esas ganancias podrían desaparecer en apenas seis meses.

Los traders con los que trabajo tienen un miedo común. Tienes miedo a no saber lo que estás haciendo. Puede que estés ganando algo de dinero. A veces estás arriba, a veces estás abajo, pero siempre tienes miedo de que los mercados cambien, y luego, ¿qué diablos va a pasar? ¿Y qué demonios deberías hacer? Tienes miedo de perder lo que tienes. Incluso cuando las cosas están subiendo, te preocupa que se avecine una recesión y no sabes cómo prepararte para eso.

Muchos de los que están leyendo este libro han vivido una recesión sustancial como la que se vio en 2008, y aunque ese recuerdo se esté desvaneciendo, todavía está ahí.

Es posible que tengas o hayas tenido un asesor de inversiones, pero esos asesores generalmente no superan el índice de referencia cuando el mercado está al alza, y cuando el mercado está a la baja, es posible que pierdas más que el índice de referencia. Sin embargo, ¡le pagas honorarios por esa «actuación»!

Una manera mejor de hacer las cosas

Hay una alternativa. En este libro, te mostraré múltiples sistemas de negociación cuantitativos no correlacionados que pueden generar dinero independientemente del tipo de comportamiento del mercado de valores en el que estemos operando. Si estamos en un mercado alcista, este enfoque funciona, y si estamos en un mercado lateral o bajista, también funciona. No debes tenerle miedo a lo que está haciendo el mercado; continúas acumulando riqueza sin importar cómo. En 2017, escribí *The 30-Minute Stock Trader,* en el que introduje estas ideas. Ahora, profundizaré en cómo mejorar el rendimiento ajustado al riesgo independientemente de las condiciones del mercado; y el poder de entender tus objetivos; y cómo construir sistemas de acuerdo con tus objetivos, metas y tolerancia al riesgo. En las siguientes páginas, te mostraré cómo sentar las bases para construir los sistemas adecuados para ti. Esto incluye una comprensión profunda y personal de tus propios objetivos y tolerancia al riesgo. Al desarrollar una visión clara de tus objetivos, de lo que quieres lograr con respecto a los rendimientos de trading y el perfil de riesgo, de cómo deseas operar a corto y largo plazo, del estilo de negociación que te atrae, entonces puedes construir un sistema que se adapte a tu personalidad. Ése será un sistema de trading al que te apegarás. Un sistema que ejecutarás con coherencia, confianza y sin miedo ni vacilación.

Son sistemas cuantitativos de trading basados en datos de precios históricos. Una vez que construyas los sistemas, tendrás reglas simples de entrada y salida, y formas de cuantificar cómo se comportan esas reglas frente a mercados anteriores para desarrollar una ventaja estadística exacta para ciertos sistemas en ciertos tipos de mercado.

En particular, te mostraré cómo el hecho de combinar estos sistemas y de operarlos simultáneamente mejora el rendimiento de manera exponencial. Lo que importa no es el rendimiento de los sistemas individuales, sino el efecto casi mágico de combinarlos para obtener resultados exponencialmente mejores.

Quizá la parte más atractiva de este enfoque es que, una vez que hayas establecido tus estrategias y configurado tus sistemas de negociación, confías en tu ordenador para que te diga qué hacer. La emoción y el miedo que causan tanta angustia entre la mayoría de los traders ya no forman parte de tu experiencia. El ordenador ejecuta algoritmos basados en tus valores y creencias sobre el mercado, y tu nivel de comodidad con el riesgo y la recompensa. Operas diaria, semanal o mensualmente, según lo que desees lograr, después de que el mercado haya cerrado. Tu ordenador hace el trabajo duro: tú simplemente introduces las órdenes (aunque esa parte también se puede automatizar; de hecho, tengo el mío funcionando al 100 % en piloto automático y muchos de mis alumnos hacen lo mismo).

Éste *no* es un manual que simplemente te dice que hagas lo que hago yo para ganar dinero. Tratar de seguir lo que hago yo no te funcionará a ti, porque tú no eres yo. Tus metas, deseos, miedos y psicología son diferentes. Éste *es* un libro que primero expone los conceptos detrás de mis sistemas y de lo que hago, y luego te muestra un conjunto completo de múltiples sistemas de trading que puedes desarrollar. No se deja nada fuera. Se revelan todas las reglas de compra y venta.

No estoy tratando de mostrarte cómo seguir mis sistemas. Más bien, te estoy mostrando cómo utilizar mi enfoque para construir sistemas que *tú* comprendas, adoptes y a los que te adhieras. Mientras ejecutes tus sistemas de manera disciplinada, tendrás una ventaja estadística en cuanto a ganar dinero. Te mostraré un enfoque cuantificado que implica siete sistemas de trading no correlacionados simultáneamente que generó una tasa de crecimiento anual compuesto de 1995 a 2019 de más del 30 %, pero esto es sólo un ejemplo de lo que puedes lograr. Es un mapa de a dónde puedes ir. Puedes y debes encontrar tu propio camino utilizando lo que te enseño en estas páginas, en lugar de tratar de imitar lo que yo he hecho.

Los traders han experimentado muchos entornos de mercado diferentes en las últimas décadas. Por ejemplo, se dio la Depresión de 1929 a 1933. Se dieron enormes entornos inflacionarios de 1964 a 1982, o la gran crisis de 1987. Si estamos dispuestos a examinar el pasado, obtenemos una buena comprensión de lo que *sucedió*, pero no lo que *va a pasar.* El futuro no será el mismo, puede ser similar o muy diferente. Al comprender qué ocurría en los mercados bajistas en el pasado, podrías desarrollar un sistema que no habría funcionado bien en los últimos diez años. Pero cuando vuelve a aparecer un mercado bajista, de repente ese sistema te salva la vida financiera. Utilizando una estrategia de múltiples sistemas no correlacionados, ganarás dinero independientemente de lo que haga el mercado.

Si lo que estás buscando es un sistema de trading automatizado con resultados cuantificados, este enfoque te funcionará. Si quieres dejar de tener miedo a perder en los mercados, pero quieres una ventaja estadística en la creación de riqueza, este libro es para ti.

Sin embargo, si encuentras emocionante el trading, si te gusta seguir las noticias, si disfrutas del enfoque que adoptan la mayoría de los traders que tratan de predecir lo que va a suceder, entonces este libro *no* es para ti. Mis sistemas se basan en el análisis cuantitativo, que mira hacia atrás en la historia del mercado para desarrollar ideas sobre el rendimiento futuro del mercado. Es lo contrario a la mayoría de los enfoques de trading, que miran hacia adelante, centrándose en los «fundamentos» para predecir el rendimiento de las acciones. El enfoque de los fundamentos se basa en el análisis de diversos factores, como el crecimiento y las ganancias, y en la toma de una decisión. Es un enfoque personificado por Warren Buffett y Charlie Munger. Les tengo un gran respeto, pero no sigo su camino. De hecho, antes de realizar una operación me gustaría saber cuál es la ventaja estadística en lugar de utilizar un método más predictivo como la selección de valores, en el que la habilidad y las décadas de experiencia son tan importantes. Trabajo para comprender y capitalizar la acción histórica del precio, sin tener en cuenta los fundamentos subyacentes de una acción en particular.

Cómo aprendí a operar de esta manera

No soy un asesor de inversiones típico. De hecho, no soy un asesor de inversiones en absoluto. Soy un trader autodidacta. En la década de 1990 tenía una empresa de *rafting* en aguas bravas en México. Nuestro negocio familiar en los Países Bajos era una pequeña empresa de capital de riesgo y tuvo problemas. Los asesores que la firma había contratado no estaban haciendo un buen trabajo y hubo una serie de malas inversiones. Mi padre me llamó y dijo: «Escucha, esto realmente va de capa caída y no podemos confiar en estos asesores. Necesito a alguien en quien pueda confiar». Había bastante dinero en juego, así que me fui de México y volví a casa para profundizar en las finanzas de la empresa.

Necesitaba educarme. No tengo un título en matemáticas. No tengo un título en finanzas. Pero tengo un buen cerebro, tengo una increíble motivación y soy muy trabajador, y mi padre confió en mí para cambiar las cosas. Averiguaría cómo conseguirlo.

La empresa tenía dos partes: una rama de capital de riesgo que invertía en diferentes empresas y una rama de *stock trading*. En dos o tres meses determiné que los asesores de banca de inversión que estábamos utilizando tenían su propia agenda y eran incompetentes. Los despedí a todos.

Decidí que tenía que manejar la cartera yo mismo. Esto era justo al comienzo de la crisis de las puntocoms de la década de 2000. Estábamos viendo cómo desaparecían nuestras ganancias pasadas, y los asesores de inversión que teníamos en el lado del mercado decían: «Laurens, no te preocupes, simplemente sigue así y el mercado volverá». En ese momento pensé: «Son personas muy inteligentes, pertenecen a grandes bancos, tienen grandes edificios, debería confiar en ellos».

Pero seguí informándome sobre lo que podría pasar, y observé lo que sucedió cuando empresas como Enron y WorldCom, compañías que habían sido promovidas por todos esos asesores y bancos, bajaron a cero. Llegué a la decisión de que el perfil de riesgo-recompensa de la cartera no valía la pena. En contra del consejo de todos los asesores, me fui por completo al efectivo. Resultó ser una gran decisión porque estábamos al comienzo de un mercado bajista. Habríamos perdido mucho más de lo que perdimos si yo no hubiera dado ese paso.

Todavía no ganábamos dinero. Sencillamente, ya no perdíamos más. En ese momento había perdido toda confianza en cualquier tipo de asesor externo. Tuve que formarme completamente para tener el control y encontrar un enfoque de inversión que se adaptara a nuestra familia. Comencé a recibir cursos de trading y leí más de quinientos libros sobre varios estilos y tácticas de inversión y trading. Llegué a la conclusión de que la única manera de operar realmente era tener evidencia estadística de que lo que estaba haciendo podía proporcionarme una ventaja.

Llegué a comprender que la mayoría de los traders y asesores basan sus decisiones en el análisis fundamental, que es simplemente una forma de hacer una conjetura informada. Y a la mayoría de ellos, a largo plazo eso no les funciona con sistemáticamente.

Quería pruebas. Eso me llevó aún más al trading estadístico basado en evidencia con algoritmos simples que podrían programarse en los ordenadores. Al utilizar datos históricos del mercado, pude ver cuáles habrían sido los resultados de varios enfoques si los hubiera utilizado en el pasado. Eso me dio la confianza de que, si hacía estas operaciones con estas reglas cuantificadas, al menos tenía una idea de cuál debería ser el posible resultado estadístico si operaba en trading de manera constante.

Eso me llevó a contratar a un programador informático para dar forma a mis ideas que, básicamente, tenían sentido y probarlas. En 2007 comencé a operar utilizando estos algoritmos y he obtenido rentabilidad todos los años, también durante el mercado bajista del año 2008. Recuerda, me había metido en el negocio familiar durante el mercado bajista del año 2000. Sabía que necesitaba sistemas que generaran dinero cuando el mercado bajaba, y ese enfoque valió la pena en 2008 cuando recuperamos más del 80 % de nuestras inversiones familiares mientras operábamos con un perfil de bajo riesgo.

Al principio mis sistemas eran rudimentarios. No automatizaba mucho y comencé con sólo dos sistemas, uno para mercados alcistas y otro para mercados bajistas. Esto funcionó muy bien desde 2007 hasta 2011, cuando recibí un gran golpe. El retroceso de la cuenta realmente superó el retroceso máximo comprobado que esperaba. Esto es algo que ciertamente puede suceder, pero me di cuenta de que necesitaba más sistemas para protegerme contra el mercado que se vuelve contra un sistema y genera un retroceso intolerablemente grande. También me di cuenta de que si tengo dos sistemas y asigno el 50 % de mi capital a cada uno, si un sistema no genera dinero, puedo enfrentarme a una gran caída. Sin embargo, me di cuenta de que si operaba con más sistemas no correlacionados al mismo tiempo, el riesgo de perder dinero no era tan grande. De hecho, podía lograr un mayor rendimiento ajustado al riesgo.

Permíteme subrayar este punto, porque se encuentra en el corazón de este enfoque: al operar con múltiples sistemas no correlacionados de manera simultánea, *estadísticamente se reduce su riesgo y se aumenta su rendimiento.*

¿Y quién no quiere eso?

Déjame ser claro. Éste no es un enfoque para hacerse rico enseguida. Es un enfoque para hacerse rico lentamente. No implica trucos. No es una garantía de ningún tipo de rendimiento. Implica una buena cantidad de esfuerzo por adelantado. Y he visto una y otra vez que funciona.

Cuanto más aprendía, más refinaba mis tácticas. Por ejemplo, de 2007 a 2011 operé principalmente con un sistema de reversión a la media (también llamado «contratendencia»). Pero hubo momentos en los que el mercado estaba subiendo y no había suficiente volatilidad para que ese sistema funcionara bien. Me di cuenta de que necesitaba un sistema complementario, como el seguimiento de tendencias a largo plazo. A lo largo de los años, cuanto más aprendía, más perfeccionaba y más veía que necesitaba operar mediante varios sistemas de manera simultánea. En ese momento, hace aproximadamente una década, mi enfoque estaba limitado por restricciones en el poder de cómputo. Se necesita mucho poder computacional para ejecutar múltiples sistemas de trading simultáneamente en una base de datos formada por décadas de datos de mercado diarios de miles de acciones cotizadas y no cotizadas. Pocos ordenadores personales estaban a la altura de la tarea hasta hace poco.

En 2013 empecé a enseñar lo que había aprendido. Me gustaba la enseñanza cuando era instructor de esquí y guía de *rafting* en aguas bravas. Disfrutaba viendo a los estudiantes aprender a esquiar o a navegar por una cascada peligrosa. Entendí que enseñar es la manera idónea de mejorar mis propias habilidades. También necesitaba pagar la inversión que estaba haciendo en el desarrollo del programa, porque entonces competía con empresas que tenían presupuestos de millones de dólares.

La gente me pregunta por qué, si soy tan buen trader, me molesto en enseñar. En pocas palabras, porque la enseñanza me hace un mejor trader. Las personas con las que trabajo directamente son algunos de los traders más inteligentes que conozco. Sus preguntas y puntos de vista desafían mi pensamiento y me obligan a explicarme claramente, a ellos y a mí mismo. Años de enseñanza me han ayudado a eliminar fallos y errores en mis sistemas y han perfeccionado mi estrategia general. Disfruto ayudando a la gente, y mejoro mis propias habilidades y éxito. ¡Es una gran combinación!

Como capacitador, mi trabajo es enseñarte a pescar, no darte el pez. Cada alumno es un individuo. Sólo trabajo con personas comprometidas que quieren superarse, entenderse y hacer el trabajo. Muchas personas quieren hacerse ricas rápidamente. Eso es algo que no sucede a menos que se tenga mucha suerte.

Escribí *The 30-Minute Stock Trader* porque cuando comencé mi viaje no había nada igual. Pasé siete años aprendiendo cómo ser un trader rentable y quería escribir un libro para demostrar que se puede ganar dinero en mercados alcistas, bajistas y laterales. Estoy escribiendo éste, mi segundo libro, para ayudar a los traders a comprender el poder del trading de sistemas no correlacionados y para ayudarles a ver a cuánto riesgo se enfrentan si sólo están operando a largo plazo o sólo con unos pocos sistemas.

La historia se repite, simplemente no sabemos cuándo. Quiero que comprendas que lo que sucedió en el pasado, de alguna manera, volverá a suceder, para que puedas estar preparado y beneficiarte de ello. En las siguientes páginas aprenderás cómo hacerlo, para que tú te sientas mejor sin que importe cómo se estén comportando los mercados.

CAPÍTULO 1

Mejora de los rendimientos independientemente del comportamiento del mercado

A principios de 2008, muchos traders se sentían bastante satisfechos. Los últimos seis años habían sido un camino de rosas. Casi todos querían participar en la fiesta, o ya la estaban disfrutando. Parecía que la diversión nunca terminaría.

Todos sabemos lo que sucedió después: ocurrió la peor crisis financiera desde la Gran Depresión. El sistema financiero estuvo a punto de colapsar después de que Lehman Brothers quebrara en septiembre. El índice S&P 500 cayó un 56% en los meses siguientes. Los traders que habían estado en lo alto se despertaron y les entraron ganas de vomitar. Cualquiera que tuvo el estómago de aguantar aquella caída en picado perdió la mitad de su dinero. Tal vez perdieron un poco menos si salieron antes, o un poco más si tuvieron que pagar honorarios a esos asesores financieros que les decían que aguantaran.

De todos modos, los traders que estaban pensando en jubilarse se dieron cuenta de que entonces tenían que ganar aproximadamente el 100% del rendimiento después de impuestos sólo para volver a donde estaban antes del colapso. Los que bajaron, se quedaron y volvieron a subir no alcanzaron el equilibrio hasta 2013. Fueron cinco largos años y perturbaron terriblemente la vida de las personas.

Cinco años de estar en una posición reducida provoca un enorme dolor financiero. Las personas que pensaron que podrían jubilarse, en cambio, siguieron trabajando. Las personas que se habían jubilado intentaron volver a trabajar, si es que podían encontrar un trabajo. Las personas que aún trabajaban se preguntaban si alguna vez podrían jubilarse. El dolor no era sólo financiero, era profundamente psicológico. Cuando alguien dice: «Necesito volver a trabajar porque los ahorros de mi vida básicamente han volado», experimenta un dolor enorme. A menos que estuvieran operando en corto durante el colapso, y la gran mayoría de los traders no lo estaban haciendo, no estaban protegidos. Perdieron una gran cantidad de dinero y no sabían qué hacer a continuación.

Ése no fue el primer colapso que experimentaron muchos traders: el último se había producido unos años antes. Los factores detrás del colapso de 2008 fueron complejos y se tardaría años en resolverlos, pero la caída de las puntocoms en 2000 fue un caso de manual de auge y caída. A medida que las acciones de Internet alcanzaban nuevos máximos, los traders que no tenían idea de lo que estaban haciendo entraron en el mercado. No tenían ningún tipo de proceso de inversión; estaban participando en una fiebre que veía grandes aumentos en los precios de las acciones desde 1995 hasta 2000, no muy diferente de la primera burbuja del mercado casi 400 años antes, la fiebre de los tulipanes holandeses.

Las fiebres o manías son un subproducto de los mercados. La fiebre de los tulipanes fue la primera de la era moderna, una burbuja especulativa entre los traders de futuros como ningún trader en los Países Bajos había experimentado jamás, y que nadie esperaba que terminara alguna vez. En su apogeo, en febrero de 1637, un solo tulipán vendido podía alcanzar diez veces el salario anual de un artesano experto. Para mayo de ese año, el precio había caído aproximadamente un 95 %. Una vez que los traders se dan cuenta de que no se pueden encontrar compradores a precios más altos, el mercado se derrumba.

A finales de la década de 1990, todo el mundo hablaba del mercado de valores y todo el mundo parecía ganar dinero. Sus vecinos y amigos ganaban dinero y no querían quedarse fuera. En un mercado de rápido crecimiento como el de 1999, llega un momento en el que los profesionales de la inversión se dicen a sí mismos: «Está bien, ya es suficiente. Ahora vamos a descargar nuestras posiciones». Se involucran en alguna toma de ganancias y el mercado comienza a caer. El trader sin experiencia no reconoce lo que está sucediendo. Piensa: «Me quedaré, tal vez incluso compre más, porque se va a parar de nuevo, como siempre. Eso es lo que la industria de la inversión nos dice que sucederá».

Excepto que los mercados no siempre suben. Llegó un momento en la primavera de 2000 en la que el 20 % de pérdidas se convirtió en un 30 %, y luego en un 40 %, y cuanto peor se ponían, más gente no aguantaba más y tiraba la toalla. Algunas acciones perdieron el 70 %, el 80 % incluso el 90 %. Cada día se perdía más dinero. Miraban sus cuentas, miraban las noticias, hasta que llegó un momento en el que no pudieron ni encender la tele. Tenían miedo de mirar la CNN y ver todos aquellos números en rojo. Tenían miedo de abrir sus declaraciones de corretaje o entrar en su plataforma de trading. Llegaron a un punto de máximo dolor cuando hundieron la cabeza en la arena, y dijeron: «No puedo más, quiero venderlo todo y no quiero volver a esto nunca más».

Las burbujas y los cracs no son infrecuentes. Si te fijaste en Bitcoin desde principios de 2017 hasta finales de 2018, viste un fenómeno similar: una gran segunda vuelta, seguida de una venta masiva.

Los mercados bajistas, que a veces comienzan con caídas rápidas, son normales. En 1987, el mercado cayó un 21 % en un solo día, y ése fue el índice. Imagínate si hubieras invertido en acciones que fueran más volátiles que el índice. Podrías haber perdido un 40 o 50 %de la noche a la mañana. Si estabas operando con margen, recibiste una llamada de margen. Esto creó un efecto catapulta por el que cada vez más personas vendían en un mercado en declive.

El crac de 1987 duró poco. Se recuperó relativamente rápido. Pero da mucho miedo encender el ordenador y ver que tus acciones han bajado un 20 %. Eso provoca dolor, y el dolor provoca pánico. La gente veía que perdía dinero a cada minuto y que no podía vender lo suficientemente rápido. Llamaron a sus corredores y les dijeron que vendieran en el mercado, sin importar el precio. Por supuesto, ése es el peor momento para vender, pero hacerlo detenía el dolor psicológico.

El crac de 1929 fue mucho peor y duró mucho más. Antes de ese momento, todos volaban alto. Los traders cometieron el error de confundir un mercado alcista con la habilidad individual. El patrón debería comenzar a parecerte familiar: hubo un largo período de recuperación durante la década de 1920, y todos hablaban de lo bien que les estaba yendo a sus inversiones. Cuando el mercado colapsó, cayó con fuerza. Ése fue el primer crac en el que hubo noticias de varias personas que se habían suicidado porque habían pedido prestado en el margen y entonces debían cantidades imposibles. Lo que parecía dinero gratis se evaporó.

Toda la economía cayó en la Depresión. El promedio Dow Jones cayó un 87 % en cuatro años. Te lo prometo, nadie cabalga en una bajada del 87 % y luego es capaz de remontarla. Si alguien lo hubiera hecho, habría tardado veinticinco años volver a donde estaba a principios de 1929, sin tener en cuenta la inflación. Fueron cuatro años de una terrible presión de venta. Entonces nadie hablaba de inversiones en acciones. Nadie quería siquiera pensar en ellas.

El sentimiento popular al final del mercado bajista de la Depresión, de 1929 a 1933, era que el mercado te arruinaría. La psicología del público cambió por completo, las acciones pasaron de ser algo que todos querían a algo de lo que nadie quería hablar.

El estilo de crac prolongado de 1929 es algo que no hemos visto en mucho mucho tiempo. Los cracs y las recuperaciones de las últimas décadas han sido más rápidos, con una duración general de un año o un año y medio.

Estos escenarios ocurrieron en el pasado. Las variaciones sobre ellos volverán a suceder. No sabemos cuándo. No sabemos durante cuánto tiempo. No sabemos hasta qué profundidad descenderá un mercado bajista. Sólo sabemos que sucederá.

La mayoría de la gente entiende los mercados alcistas y bajistas. También podemos experimentar mercados laterales. De 1964 a 1982, el rendimiento neto del índice industrial Dow Jones fue cero. Durante esos 18 años hubo una caída del 40 % y también una recuperación. Además, fue un período de alta inflación. Las tasas de interés oscilaban entre el 14 % y el 17 % a finales de la década de 1970. Si hubieras invertido en 1964 y te hubieras mantenido hasta 1982, tus ganancias habrían sido planas y habrías perdido el 75 % de tu poder adquisitivo.

La mayoría de los traders no entienden esta historia. No quieren pensar en ello. Todos queremos pensar en los buenos tiempos. Es mucho mejor que tratar de recordar el dolor de las recesiones.

Errores comunes de los traders

Cuando empiezo a trabajar con traders, muchos de ellos no tienen un sistema que pueda decirles si lo que están haciendo genera dinero. Varios de mis alumnos han sido administradores de carteras que operaban de esta manera. Han leído algunos libros y aplicado algunas reglas que los llevan a pensar, «Bueno, esto tiene sentido conceptualmente». Pero no tienen evidencia estadística de que realmente genere dinero. Eso crea mucha preocupación e incertidumbre.

Si compraron acciones, esas acciones bien pueden aumentar de valor siempre que el mercado esté subiendo. Pero no tienen ni idea de qué le pasará su cartera cuando los mercados bajen. Su mayor riesgo, si son gestores de cartera, es que perderán clientes en una recesión. Y no tienen ningún tipo de evidencia de que su enfoque realmente funcione. Si un cliente dice, «¿Podrías explicarme cómo funciona tu estrategia?», ninguno de ellos tiene reglas específicas o qué esperar cuando el mercado hace A, B o C. Sólo saben que cuando suba probablemente eso será bueno para ellos.

Algunos traders ven una recesión y piensan que aguantarán. Dicen, «Las últimas tres veces que bajó, simplemente volvió a subir. Así que voy a aguantar». El riesgo es que llegue un momento en el que siga bajando. Una época como la de 1929, o como la de 2000, o como la de 2008.

Otro error que veo es que la gente que tiene cierto conocimiento, aunque sólo lo suficiente como para meterse en problemas. Y son un poco más activos en el mercado y puede que tengan parte de una buena estrategia, pero no toda la estrategia. Por ejemplo, ganan algo de dinero en un mercado en alza. Saben que necesitan proteger sus ganancias, por lo que colocarán una orden de *stop-loss* móvil en sus acciones. Digamos que lo fijaron al 10 %. La acción corrige un 10 % y se detiene, y luego la acción comienza a subir nuevamente. Pronto está alcanzando máximos históricos, y sienten (irracionalmente, pero lo sienten) que el mercado está en su contra.

Aun así, no quieren perderse la fiesta, por lo que entonces compran nuevamente en la parte superior de los nuevos máximos del mercado. Han vendido barato y comprado caro. El fallo en su forma de pensar es que, si bien entienden el valor de proteger su capital, lo cual es bueno, no han calculado correctamente la volatilidad. Si hubieran utilizado una *stop-loss* más amplia porque entendían mejor lo que iba a suceder, no se habrían detenido en el fondo de una recesión temporal.

La otra cosa que les falta es perspectiva. Si tienes un sistema cuantificado que tiene decenas de miles de operaciones en su base de datos de *backtesting* (el proceso de testear una estrategia antes de implementarla), incluso si te detienes en el peor momento posible, podrás ver que existe una probabilidad estadística de que esto suceda algunas veces. No pensarás «El mercado está en mi contra». Sin esa perspectiva, sentirás que estás comprando y vendiendo repetidamente en los peores momentos. Empezarás a crearte conflictos mentales contigo mismo y pensarás: «¿Cómo puede ser que el mercado me atrape?».

Un problema adicional que tienen la mayoría de los traders es la falta de consistencia. Tienden a buscar la siguiente mejor opción, y cada vez que lo hacen es demasiado tarde. Observan un sistema de trading y ven que ha tenido un gran rendimiento en los últimos seis meses, por lo que quieren tener ese sistema. La mayor parte del tiempo corren detrás de los hechos, persiguiendo el rendimiento. Ésa es una receta perfecta para el desastre financiero. Operar con esos sistemas es como administrar un negocio normal: hay meses en los que los sistemas no generan dinero, pero es importante continuar realizando las funciones de trading habituales para estar en posición de ganar dinero cuando se presente la oportunidad. Los inversores deben hacer lo mismo, pero la mayoría no lo hace.

La consistencia en el comercio es clave.

En realidad, existen algoritmos de trading que aprovechan sólo estas debilidades de los traders sin experiencia. Saben exactamente en qué punto esos traders comprarán o venderán, y se aprovechan de eso. Miran los patrones de gráficos. Pueden ver dónde una acción parece muy atractiva y entran muchas compras, pero luego la compra se detiene y la acción baja. Las personas que no tienen resultados retrospectivos se acobardan y venden, y luego la acción vuelve a subir. Cada vez que sucede esto, los traders inexpertos van detrás de los hechos y no pueden evitarlo. No pueden cambiar porque no tienen manera de averiguar qué podría funcionar realmente.

Por qué la gente opera con la emoción

¿Por qué pasa esto? Después de todo, el mundo está inundado de información financiera, que parece hasta saturar los medios. Sin embargo, esto es lo que la mayoría de los traders no entienden: las instituciones de medios financieros tienen una agenda que no es necesariamente de su interés. Su agenda es conseguir la mayor cantidad de espectadores posible para que puedan obtener ingresos por publicidad. Quieren proporcionarte mucha información que te mantenga enganchado. Cuando los mercados están a la baja o hay una gran liquidación, se aseguran de que lo veas. Muestran el pánico en Wall Street. Luego entrevistan a sus supuestos asesores, aunque en realidad son personas que sólo dan opiniones. Se dejan atrapar por el juego, incluso pueden creer lo que dicen, pero simplemente están haciendo predicciones basadas en lo que ven en la televisión.

Todo está en rojo en la televisión, los gráficos tienen una tendencia a la baja, todos predicen lo que sucederá; todo esto crea un miedo y una ansiedad enormes en el trader. El trader no sabe qué hacer. ¿Quizá debería salir? Sin embargo, lo que los medios de comunicación especializados quieren que hagas es seguir mirando su canal. Eso es lo más importante. Ése es su objetivo.

El comportamiento de la mayoría de los traders es emocional, más emocional de lo que probablemente admitirían. Miran sus cuentas, piensan en términos de dólares en lugar de porcentajes, y eso les hace sentirse inseguros. No pueden pensar de manera racional porque, en primer lugar, en la CNBC, los bustos parlantes cuentan todas esas historias de terror impulsadas por el miedo y, en segundo lugar, el trader está pensando en términos de dólares que han desaparecido de sus cuentas. La emotividad triunfa sobre la racionalidad al 100 % en una situación como ésta. Se vuelven temerosos y quieren quedarse con lo que todavía tienen.

En un estado mental en el que eres irracional, tienes miedo y escuchas más preocupación en la CNBC o la ves patente en el *Wall Street Journal* es el peor momento posible para tomar una decisión, porque esa decisión no se basa en un análisis lógico. Se basa en lo que estás perdiendo de tu cuenta bancaria. Y la gente tiene una terrible aversión a las pérdidas. No pueden soportar perder. La verdad es que para ganar dinero necesitas estar dispuesto a arriesgar dinero, y hay momentos en los que lo pierdes.

No importa cuán grande sea la cuenta de alguien, siempre quiere más. Y es un comportamiento muy humano evaluar constantemente cuánto dinero tienes y si estás ganando o perdiendo. La otra trampa en la que puedes caer es fijarte en los dólares en lugar de los porcentajes. Una caída del 10 % en el papel puede parecer aceptable, pero si tienes una cuenta de un millón de dólares, te dices a ti mismo: «Maldita sea, acabo de perder 100 000 dólares». Ahora imagina que tienes una cuenta de 10 millones de dólares. De repente has perdido un millón de dólares. Es el mismo porcentaje, pero expresado en dólares te vuelve menos racional.

Lo he comprobado en mí mismo. Cuando comencé, tenía una cuenta de trading de 30 000 $ y me dije a mí mismo que podía tolerar un retroceso del 20 % mientras operaba. Eso son 6 000 $. Parecía lo adecuado. Pero digamos que tengo una cuenta de 2 millones de dólares. Ahora el 20 % son 400 000 $. Esa cifra en dólares puede hacer que cambies por completo tu posición mental sobre la estrategia. Tu estrategia puede ser la misma que cuando tenías 30 000 $, el movimiento del mercado puede ser el mismo, pero tu percepción sobre la situación cambiará porque, en términos absolutos, has perdido más dinero.

Cómo contrarrestar las emociones

Ésa es una situación en la que incluso los traders inteligentes pueden ser víctimas del miedo y la irracionalidad. Para contrarrestarlos, primero debemos utilizar un sistema de trading automatizado respaldado por resultados estadísticos. En segundo lugar, si sabemos que el sistema está diseñado racionalmente, podemos dejar que el ordenador tome las decisiones sobre el proceso de trading. Sabemos que creamos el sistema cuando no nos dominaban las emociones, y el ordenador, por supuesto, no siente emociones en absoluto. Simplemente ejecuta en función del algoritmo que representa la estrategia de trading. Si esa estrategia está bien diseñada para reflejar tu tolerancia al riesgo y estás seguro de que el algoritmo tiene una ventaja a largo plazo, entonces harás lo que dice el ordenador. Ése es el estado más deseable en el que operar. La acción diaria del precio del mercado ya no te afecta, porque sabes que tienes sistemas para ganar dinero con el tiempo, independientemente de cómo se comporte el mercado.

Por ejemplo, si el mercado muestra señales de que se va a liquidar, sabes que cuenta con sistemas para ganar dinero en ese escenario. El cambio del mercado no te afecta, porque has creado sistemas que generarán dinero cuando otros sistemas lo estén perdiendo.

Personalmente, opero con una estrategia en la que tengo cincuenta sistemas combinados, y nunca me preocupo por mis posiciones o mi negociación. Tengo un estado mental muy tranquilo porque he planeado todo lo que puedo imaginar que podría suceder. De hecho, mi esposa nunca verá alterado mi estado mental, tanto si mis operaciones están arriba como si están abajo. Es la expectativa positiva, constante y a largo plazo del sistema durante dos décadas y media lo que me da la tranquilidad de que mi manera de operar funciona.

En las próximas páginas, te presento la forma sistematizada de negociar múltiples sistemas no correlacionados simultáneamente que genera dinero en cualquier tipo de mercado. Pero no necesitas intercambiar cincuenta sistemas para que funcione; te mostraré cómo un puñado de sistemas puede lograr ese resultado. Cuando lo haces así, no vives con miedo a un mercado bajista o a algún otro comportamiento del mercado. Te explicaré paso a paso todo lo que necesitas hacer y tener implementado para que, en cualquier tipo de mercado, tengas un sistema planificado previamente que lo maneje. Si algunos de tus sistemas pierden dinero, otros lo ganarán.

Mi objetivo es ayudarte a disminuir o eliminar el miedo que sientes cuando operas. Ese miedo se evapora porque tu incertidumbre desaparece. No sabrás ni tratarás de saber lo que hará el mercado; en cambio, sabrás que te has preparado para ello sin importar lo que ocurra: alcista, bajista o lateral. Si estás ganando dinero con sistemas en largo en un mercado alcista, sabrás que cuando el mercado bajista asome la cabeza, tus sistemas en corto se activarán. El resultado neto es un resultado mejorado, independientemente del comportamiento del mercado y, lo que es más importante, con menos estrés y preocupación en tu propia vida.

CAPÍTULO 2

Por qué y cómo funcionan los sistemas de trading no correlacionados

Si operas de la manera en la que lo hacen muchos traders, principalmente en posiciones en largo, tu vida en cuanto a la inversión está dirigida efectivamente por las noticias. Algo sucede en el mundo, por lo que enciendes el televisor o coges el periódico y escuchas que «éste es un entorno peligroso» o que «ahora mismo los traders deben tener mucho cuidado». Coges el teléfono y te bombardean con mensajes sobre el mercado.

Esta situación crea una enorme cantidad de estrés, ansiedad e inseguridad, porque recibes toda esa información contradictoria y no sabes qué hacer al respecto.

En realidad, ¿cuáles son tus opciones? Todo lo que ves en las noticias ya ha variado el precio de una acción. Si deseas operar de acuerdo con las noticias, ya es demasiado tarde.

No necesitas ver o leer las noticias financieras.

No tienes que hacerlo. Es una sensación maravillosa, porque no te estresas por lo que está pasando. No tienes que depender de personas que se contradicen de un día para otro.

Lo mejor que hice en mi vida profesional fue dejar de leer y de ver las noticias financieras. Fue muy bueno para mi psique. Puedo confiar en el poder estadístico y en el conocimiento de la fiabilidad de mis sistemas. Antes de hacerlo, si tenía una posición en largo en el mercado, me pasaba los días pegado a la televisión o al teléfono. Me preocupaba por una posible recesión. Si comenzaba a escuchar noticias sobre una posible recesión, mi estrés se disparaba a cotas inusitadas. ¿Qué tengo que hacer? ¿Debo vender? ¿Debería quedarme? ¿Qué va a pasar?

Era horrible, y no ayudaba en absoluto a mis operaciones.

Los sistemas de trading que construirás ignoran las noticias. Se basan en la acción del precio. Observamos la evolución histórica del precio de las acciones y, fundamentándonos en eso, podemos definir una decisión de compra y una decisión de venta. Cuantificamos cuándo comprar y cuándo vender. Cuando puedes cuantificar algo, puedes convertirlo en un programa de ordenador. Luego, puedes probar si tu enfoque tiene una ventaja estadística, una ventaja que te dice que es estadísticamente válido comprar o vender en un punto determinado en función de la acción anterior del precio. Cuando sabes que tienes una ventaja, puedes dejar que el ordenador decida qué hacer en función de la acción del precio. No se basa en las noticias. No se basa en los bustos parlantes de la televisión. Y, sobre todo, no se basa en la emoción.

Este enfoque elimina del trading las emociones. Una vez que has construido un sistema en el que crees, el ordenador hace el trabajo pesado, calcula qué comprar y cuándo, y qué vender y cuándo. Supongamos que has desarrollado un sistema de seguimiento de tendencias a largo plazo. Conoces las condiciones del mercado, cuándo vas a ganar dinero. Y conoces las condiciones en las que deberías perder dinero. Perder dinero es normal, y lo entiendes, así que no te preocupes por eso, porque cuando ganas dinero ganas más de lo que has perdido. Ésa es la ventaja de tu sistema.

La mayor parte de lo que aparece en las noticias todos los días trata sobre inversión fundamental, sobre mirar lo que hará el mercado. Nosotros construimos nuestros sistemas cuantitativos mirando en la otra dirección: en lo que ha hecho el mercado. No hay evidencia estadística de lo que hará el mercado, por lo que en ello no hay consuelo. Operar cuando tienes una ventaja y una evidencia estadística para ello elimina mucha emoción. Tienes evidencia estadística de cuál es probable que sea tu disminución máxima, cuáles son tus rendimientos probables, y puedes estar seguro de eso.

Hay tantos estilos de trading como traders. Sin embargo, para crear un enfoque multisistema sólido y de éxito, debemos concentrarnos sólo en cuatro estilos básicos de negociación: seguimiento de tendencia en largo, seguimiento de tendencia en corto, reversión a la media en largo y reversión a la media en corto.

Seguimiento de tendencia en largo (STL)

En este sistema, escaneamos el universo de acciones que estamos negociando y buscamos acciones que tengan una tendencia alcista. Quizá hemos fijado un parámetro para buscar acciones cuyo precio sea un 20 % superior al de hace medio año. Eso podría significar que hay una tendencia al alza. Otra métrica que podríamos utilizar es un promedio móvil simple (SMA, por sus siglas en inglés, *simple moving average)* donde la acción ha cerrado por encima del promedio móvil de 200 días. Ésa es una manera sencilla de cuantificar que el mercado está de buen humor. Una vez que compramos, queremos permanecer en ese *stock* mientras la tendencia suba. Mientras la tendencia sea alcista, estarás ganando dinero.

¿Cuándo sales? Cuando la tendencia muestra signos de que ha terminado.

Este estilo simple significa que realizarás operaciones rentables durante mucho tiempo y, al final, debes estar dispuesto a devolver parte de tus ganancias. Te gustaría recoger tus ganancias en la parte superior, pero nunca sabes dónde está la parte superior, por lo que permanecerás allí hasta que la curva comience a doblarse decisivamente en la otra dirección. Establecerás un punto de salida donde baja y cruza un punto determinado. Esto podría ser una parada final del 20 %. Cuando se mueve hacia abajo un 20 % desde la parte superior, sales.

Debes estar dispuesto a devolver algo de beneficio al tener un tope dinámico relativamente grande, de modo que no salgas prematuramente en una recesión pequeña. Si es así, puedes captar esas largas tendencias alcistas del mercado y subirte al tren hasta el final.

Reversión a la media en largo

Un sistema de reversión es el enfoque opuesto. En el caso de una reversión a la media en largo, buscas una acción que haya sido muy sobrevendida y para la cual existe una probabilidad estadística mejor que el promedio de que vuelva a subir a su precio medio. Éste es un trading a muy corto plazo, en el que entras y sales de nuevo en unos pocos días.

Con una acción sobrevendida, estás comprando miedo, contando con el hecho de que el mercado ha reaccionado de manera exagerada y volverá a la normalidad. Cuando lo hace, tú vendes. Con este sistema tendrás muchas operaciones y un alto porcentaje de ganancias, quizá en el 60 % de tus operaciones. Pero sólo operas con una acción durante unos días, por lo que para obtener buenos rendimientos anuales debes ejecutar muchas operaciones. Esto es muy diferente del seguimiento de tendencias: la operación perfecta de seguimiento de tendencias es aquélla en la que entras y nunca sales; simplemente te subes a ella para siempre.

Reversión a la media en corto

La reversión a la media también funciona a la inversa. Con la reversión a la media en corto, buscas acciones que han sido sobrecompradas y las vendes en corto, esperando que vuelvan a caer a su media. Hay un momento en el que lo que yo llamo «dinero estúpido» entra en un mercado, y el dinero institucional se dirige hacia la salida. ésa es una señal de que una acción está sobrecomprada. Hay una probabilidad estadísticamente mejor que el promedio de que vuelva a un precio anterior, y ahí es cuando tomas tus ganancias.

Seguimiento de tendencia en corto

El seguimiento de tendencias puede funcionar tanto en el lado corto como en el lado largo. Cuando hay tendencias bajistas severas, como en 2008 o 1929, un sistema simple en el que vendemos en corto cuando el mercado muestra una tendencia bajista clara puede ser muy útil.

Estos cuatro sistemas son el núcleo de nuestro enfoque. Como aprenderás en este libro, combinarlos puede crear sistemas generales muy poderosos.

Acerca de la optimización

Con la potencia informática actual, es muy fácil producir pruebas retrospectivas que te cuenten más sobre el pasado que sobre su valor predictivo para el futuro. Esto se hace principalmente a través de la sobreoptimización.

CÓMO REALIZO *BACKTESTS*

Todas las pruebas retrospectivas, o *backtests*, de este libro se realizaron con un conjunto de datos históricos de 1995 a 2019. Si retrocedes más allá de 1995, la calidad de los datos se deteriora. Además, al comenzar en 1995, capturamos el auge y la caída de las puntocoms de 2000, uno de los escenarios de auge y caída más rápidos que ha visto el mercado. También tenemos el colapso de 2008, el colapso repentino de 2010 y la gran liquidación de 2018. Ese gran tamaño de muestra es increíblemente importante. Un trader sin experiencia puede realizar una prueba retrospectiva desde 2017 hasta hoy y obtener excelentes resultados. Pero luego entra en un entorno de mercado que es muy diferente de lo que representaba su *backtest*, y obtiene resultados muy diferentes.

Utilizo datos al final del día que incluyen el precio de apertura, el máximo diario, el mínimo diario, el precio de cierre, el volumen y el cierre ajustado, lo que tiene en cuenta las divisiones de acciones (si no tienes en cuenta las distorsiones de los datos). No queremos basar nuestros sistemas en datos poco fiables, especialmente para operaciones a corto plazo, porque no hay mucho margen de error.

También querrás asegurarte de tener datos que incluyan acciones cotizadas y no cotizadas, para no tener un sesgo de supervivencia. Echa un vistazo a las acciones que cotizaban en cualquiera de las bolsas, NASDAQ o NYSE en 2000: Lehman Brothers, Worldcom, Enron, Freddie Mae, Freddie Mac... estaban todos allí. Cuando acciones como ésas llegan a cero, o cerca de cero, alcanzan un punto en el que se eliminan de la lista, lo que significa que ya no están en ningún intercambio actual. Algunas de ellas no operan en absoluto. Si estás realizando pruebas retrospectivas sólo con las acciones que sobrevivieron, sin incluir las acciones que fracasaron, entonces el sesgo de supervivencia te inclinará hacia un rendimiento mucho mejor para tus sistemas en largo de lo que habría sucedido.

Actualmente, probamos en una base de datos de más de 40000 acciones y aproximadamente la mitad de ellas son acciones excluidas de la lista.

Se han tenido en cuenta los *splits* (desdoblamientos) de acciones. Si no ajustas los desdoblamientos de acciones, puedes tener una acción de 600 $ un día que pase por un desdoblamiento de cuatro por uno, y al día siguiente se negocie a 150 $. Eso puede parecer una pérdida terrible (o una ganancia si operas en corto) si el sistema no lo tiene en cuenta.

No incluyo dividendos en mi *backtesting.* Es posible que no tenga las acciones en el momento en que paguen un dividendo anual, o que la empresa cambie su pago de dividendos o su política. Esto produce un enfoque más conservador sobre los rendimientos de los sistemas en largo, particularmente para las posiciones en largo en las que muy bien puedes recibir dividendos de las acciones que mantienes durante mucho tiempo. Si mantienes una acción durante trescientos días, es mucho más probable que veas un pago de dividendos que si mantienes una acción durante tres días. En los sistemas en corto, normalmente puedes mantener una acción durante un período de tiempo más corto, por lo que hay menos probabilidades de que se pague un dividendo. Sin embargo, se pagará alguno de vez en cuando. Al excluir cualquier dividendo, los resultados combinados de nuestro *backtesting* deberían ser más conservadores que las operaciones en vivo.

Asegúrate de incluir las comisiones en tus cálculos de *backtest.* Yo estimo medio céntimo por acción y un mínimo de 1 $ por operación, que es lo que pago a mi corretaje, Interactive Brokers, más un cálculo de deslizamiento muy conservador. La cuestión es ser lo más preciso y conservador posible.

Este conjunto de datos de 1995 a 2019 muestra claramente un sesgo largo a largo plazo. Es una representación del pasado, y sirve para eso. Pero debemos tener en cuenta que lo único que podemos saber del futuro es que será diferente. Podría mirar los datos probados y concluir que hay un sesgo largo en el mercado a lo largo del tiempo, por lo que si ejecuto más sistemas de seguimiento de tendencias a largo plazo, la información debería ser mejor. Eso es cierto sólo en el pasado. Deberíamos operar como si no supiéramos lo que sucederá en el futuro, porque no lo sabemos. Por eso opero en posiciones largas y cortas en cantidades iguales, porque hay momentos en los que funciona el seguimiento de tendencias y momentos en los que funciona la reversión a la media. Hay momentos en los que funcionan los sistemas en largo y momentos en los que funcionan los sistemas en corto.

No contabilizamos los intereses ganados en los saldos de efectivo. Aunque en los años noventa las tasas de interés eran mucho más altas, actualmente no obtienes ninguna tasa de interés de tu bróker.

Sin embargo, tenemos en cuenta el pago de tasas de interés cuando operamos con margen.

He tenido mucho cuidado al elegir parámetros que sean robustos. Por ejemplo, la siguiente tabla representa algunos de los parámetros y los resultados de un solo sistema.

En esta prueba en particular, utilizo un filtro de media móvil simple como uno de los criterios de entrada. Para este libro elegí utilizar 100 días para el promedio móvil simple. La tabla muestra por qué.

En la siguiente tabla, puedes ver otros resultados de diferentes números de días:

Número de prueba	Días	CAGR %[1]	Equidad total máxima DD	MAR[2]
1	70	21.75%	47.90%	0.45
2	75	22.41%	47.50%	0.47
3	80	22.87%	43.40%	0.53
4	85	22.76%	42.70%	0.53
5	90	22.53%	42.70%	0.53
6	95	22.50%	41.90%	0.54
7	100	22.52%	42.10%	0.53
8	105	22.88%	42.00%	0.54
9	110	22.88%	41.40%	0.55
10	115	23.57%	41.10%	0.57
11	120	23.99%	37.90%	0.63
12	125	22.66	47.50	0.48
13	130	22.55	47.70	0.47

TABLA 1. Media móvil simple variable.

---

1. Tasa de crecimiento anual compuesto. *(N. del T)*

2. Medida de los rendimientos ajustados por riesgo que se puede utilizar para comparar el rendimiento de los asesores de trading de productos básicos, los fondos de cobertura y las estrategias de trading. El índice MAR se calcula dividiendo la tasa de crecimiento anual compuesto (CAGR) de un fondo o estrategia desde su inicio por su retroceso más significativo. Cuanto mayor sea el índice, mejores serán los rendimientos ajustados al riesgo. Fuente: Investopedia, www.investopedia.com/terms/m/mar-ratio.asp *(N. del T.)*

Lo que ves es que en 100 días está justo en medio de resultados muy similares (usando el MAR como nuestro criterio), lo cual es una gran señal de solidez. No importa si utilizamos 90, 95, 105 o 110 días. Los resultados son casi idénticos.

También observa que hay un valor atípico, un promedio móvil que produce un resultado mucho mejor que los demás: el promedio móvil simple de 120 días, que tiene un MAR de 0,63. Podría haber elegido fácilmente este número y mostrarte lo bueno que es el sistema. Pero lo más probable es que ese resultado se deba a algunas operaciones mejores y a la aleatoriedad, que se combinaron para crear un mejor resultado. No sería realista mostrar ese número mejor como una representación justa del sistema. Además, un enfoque como ése es una manera de engañarnos a nosotros mismos, porque producimos algo que percibimos como mejor de lo que realmente es.

En este gráfico puedes ver que el MAR máximo de 0,63 cae rápidamente a ambos lados, cayendo enseguida a 0,48, muy por debajo del robusto MAR de 100 días.

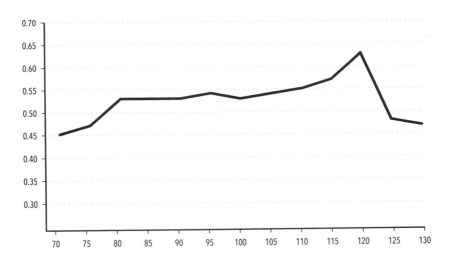

GRÁFICO 1. Relación MAR a medida que varía la media móvil simple.

Sin predicciones

Uno de los principios fundamentales del trading cuantitativo, en comparación con la inversión fundamental en acciones, es que no intentamos predecir el comportamiento futuro de los mercados. No sabemos qué harán los mercados, sólo sabemos que serán diferentes. A veces habrá mercados alcistas, a veces mercados bajistas, a veces mercados laterales. Habrá momentos en los que el seguimiento de tendencias funcione mejor y momentos en los que la reversión a la media funcione mejor.

TRADING CON MARGEN

Los sistemas combinados de este libro se prueban con el supuesto de que podemos operar 100% en largo y 100% en corto simultáneamente. Eso da los mejores resultados y es un enfoque completamente razonable, ya que los sistemas en largo tienden a cubrir los sistemas en corto. Además, con un dimensionamiento cuidadoso de la posición (del que hablamos en el capítulo 5) y el trading de múltiples sistemas no correlacionados a la vez, los riesgos de operar en corto son bastante pequeños.

A algunos traders, o a sus corredores, no les gusta operar al 100% en largo y en corto. Pueden operar con números menores (por ejemplo, 50% en largo, 50% en corto). Su CAGR será menor, pero también lo será su retroceso máximo, aunque los principios detrás de los sistemas aún son sólidos.

En el trading intradía, es raro invertir 100% en largo y en corto al mismo tiempo, incluso aunque lo desees. Muchas veces no encontrarás suficientes configuraciones para invertir completamente en todos tus sistemas, o tus operaciones no se completarán debido a los parámetros de entrada al mercado que has establecido en tus configuraciones.

Y todos nuestros sistemas están diseñados para que tengan una ventaja, de modo que con el tiempo éstos se inclinen a producir más dinero del que pierden.

Digamos que tienes un sistema de seguimiento de tendencias a largo plazo que genera dinero cuando el mercado sube. Sabemos que se supone que perderás dinero cuando esa tendencia comience a cambiar. Ganaste un montón de dinero, pero luego las cosas cayeron un 20% y saliste. Así que tienes un retroceso del 20%.

Si al mismo tiempo operas con un sistema en corto que vende codicia, estás perdiendo dinero en el mercado alcista. Pierdes un poco cada día. Cuando el mercado cambia a una tendencia a la baja, el sistema en corto comienza a ganar dinero a lo grande. Digamos que es el 30%. Ahora, en lugar de estar en un retroceso del 20%, estás un 10% por encima, incluso cuando el mercado está cayendo.

Ahora puedes continuar operando desde una posición de 10% por encima, en lugar de estar 20% por debajo y tener que luchar para volver a estar igualados. Los sistemas combinados te han dado una ventaja del 30% en tu curva de capital combinado. La combinación de sistemas suaviza la curva de equidad,[3] que es un registro de dinero acumulado a lo largo del tiempo.

---

3. Equidad (*equity* en inglés) en trading se refiere al valor absoluto de la cuenta de un trader teniendo en cuenta el valor del activo neto de las posiciones actuales. *(N. del T.)*

Ésa es la magia de combinar sistemas no correlacionados. La combinación de sistemas es diez veces más importante que los parámetros individuales de un solo sistema. Todo el mundo quiere optimizar los parámetros de los sistemas individuales. Muchas veces crean un sistema único altamente optimizado que sólo les dice algo sobre el pasado.

Pero si los combinas, éstos se ayudan mutuamente. La clave es asegurarse de que un sistema no pierda demasiado mientras el otro gana dinero.

Principios de creación de sistemas

No hagas predicciones

Como he explicado, a diferencia de los traders fundamentales, no predecimos cuál será el comportamiento futuro del mercado. En consecuencia, debemos intercambiar los cuatro estilos –seguimiento de tendencia en largo, seguimiento de tendencia en corto, reversión de la media en largo, reversión de la media en corto– de alguna manera porque no sabemos lo que traerá el futuro.

Trading de sistemas probados

Ésta es la única manera de saber que estás creando una ventaja. Muchas personas miran los gráficos y dicen: «Bueno, entraría aquí y saldría, y ganaría dinero». Pero tienden a ver lo que quieren ver en los gráficos. Nueve de cada diez veces lo que creen que funcionará no funciona en tiempo real. Si pueden realizar una prueba retrospectiva de sus ideas, pueden ahorrarse una gran cantidad de dinero porque pueden establecer si su idea realmente tiene una ventaja o no. Deben ver cómo funcionará su sistema en todo tipo de mercados. El ordenador le dirá si sus reglas realmente lo están ayudando a perder dinero o a ganarlo.

Construye sistemas que reflejen tus objetivos

Como describo en el capítulo 4, debes operar de una manera que refleje tus objetivos, con una estrategia que se adapte a ti. Tienes que saber lo que quieres, conocer tu tolerancia al riesgo y permanecer dentro de tu zona de confort.

La parte difícil de este enfoque

Digamos que construyes un sistema y lo pruebas. La prueba muestra que da una tasa de crecimiento anual compuesta (CAGR) del 15 % y un retroceso anual máximo del 5 %. Crees que eso suena bastante bien, así que empiezas a cambiarlo. Aquí está la parte peligrosa: sutilmente, se te metió en la cabeza que obtendrías el 15 % cada año. Pero no es así.

Tal vez un año obtengas el 30 %. Eso te genera una sensación fantástica. Pero luego obtienes cero. O el retroceso máximo llega al 12 %, que está fuera de tu zona de confort. Luego, el tercer año, obtienes un rendimiento del 25 %. Con el tiempo, puedes ver una CAGR del 15 %, pero año tras año los rendimientos pueden ser mucho más variados. Esto resulta difícil para muchas personas. Incluso puede hacer que las personas abandonen su sistema, aunque no tenga nada de malo. Recuerda siempre que es sólo un promedio.

Puedes comenzar a operar con un sistema durante el primer año y obtener un rendimiento del 0 %. Es una paradoja, pero ese resultado no significa que haya algún problema con el sistema. Puede ser simplemente un reflejo del hecho de que los resultados son mucho más variables de lo que esperabas. Por ejemplo, si comenzaste una tendencia a largo plazo siguiendo un sistema en largo que coincidía con el final del mercado bajista en 2009, durante los siguientes nueve años habrías pensado que tenías un gran sistema. Pero si lo hubieras comenzado diez meses antes, de inmediato podrías haber sufrido un retroceso del 30 %. Es posible que hubieras pensado que tu sistema estaba profundamente equivocado. De hecho, con el tiempo, los resultados se suavizarían y mejorarían si te apegabas al sistema.

LIMITACIONES DEL TRADING EN LAS CUENTAS IRA

Las regulaciones financieras impiden operar en corto (*stocks*) en cuentas IRA, y no puedes tener cuentas de margen. Como describo en el siguiente capítulo, operar con mercado neutral significa operar 100 % en corto y 100 % en largo de manera simultánea. Algunas personas simplemente operarán en posiciones largas en cuentas IRA, por ejemplo, y cambiarán a efectivo cuando el mercado se vuelva en contra de un enfoque largo. Otros pueden optar por comprar ETF inversos en sus cuentas IRA o utilizar otras cuentas para vender en corto.

CAPÍTULO 3

Ganar dinero en los mercados alcistas, bajistas y laterales

En 2008 operé de manera rentable. Los mercados se habían mantenido al alza durante mucho tiempo desde 2003. Hoy en día, todos sabemos que el mercado cayó con fuerza ese mismo año. Si sólo hubiera operado con sistemas en largo, habría perdido dinero. No habría importado qué tipo de sistema en largo: todos perdieron dinero. En mi caso, estaba operando tanto en largo como en corto.

Había visto mercados bajistas de 2000 a 2002. Sabía que volvería a aparecer un mercado bajista y que si sólo operaba a largo plazo, finalmente perdería dinero. Sabía que necesitaba operar en corto incluso en un mercado al alza, como una especie de seguro. En 2008, el S&P 500 cayó un 56%, pero debido a que estaba ejecutando tanto en el lado largo como en el corto, fue un año muy rentable para mí. No me puse nervioso cuando el mercado bajó porque realmente no me importaba. Estaba posicionado para aprovechar lo que hiciera el mercado. Ese año obtuve cerca del 80% de rendimiento.

Esa experiencia fue la prueba absoluta de que si operas en ambos lados del mercado, no necesitas preocuparte mucho por la dirección que tome éste. El comercio automatizado y no correlacionado funcionó absolutamente bien, incluso cuando el mercado se puso muy mal. Fue increíblemente liberador.

En este capítulo, utilizando ejemplos de cuatro sistemas, mostraré el resultado final de mi enfoque y los conceptos detrás de cómo logramos ese resultado.

Rendimiento de evaluación comparativa

Antes de entrar en el rendimiento de nuestros sistemas, establezcamos un punto de referencia. Uno común es el S&P 500. Así es como se desempeñó desde enero de 1995 hasta julio de 2019.

2 de enero de 1995 - 24 de julio de 2019	SPY
CAGR	8.02 %
Retroceso máximo	56.47 %
Retroceso más largo	86,1 meses
Volatilidad anualizada	18.67 %
Sharpe	0.43
MAR	0.14
Rentabilidad total	**562.51 %**

TABLA 2. Rendimiento del S&P 500, 1995-2019.

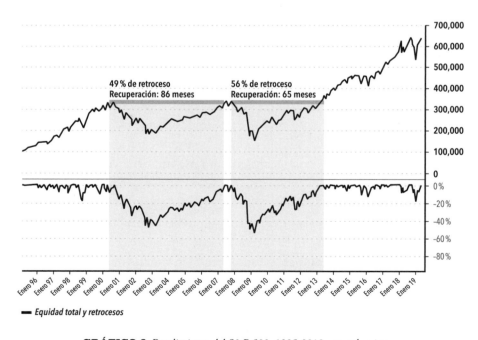

GRÁFICO 2. Rendimiento del S&P 500, 1995-2019 con reducciones.

Como ya he comentado, es muy importante comprender que los traders y los mercados pueden experimentar grandes subidas y luego grandes caídas de las que se tarda años en recuperarse.

Este gráfico muestra cómo podemos tener reducciones mucho mayores de lo esperado, y se puede tardar años en recuperarse de ellas. A partir de 1995 hubo una gran carrera en el mercado. Era un mercado alcista exagerado y, por supuesto, la burbuja finalmente estalló. En abril de 2000, el S&P 500 inició una caída del 49 % que tardó 86 meses en recuperarse, más de 7 años. El índice alcanzó nuevos máximos bursátiles en 2007 por fin, e inmediatamente hubo otra caída, esta vez del 56 %, y tardó 65 meses en recuperarse: 5,5 años.

Puedes ver que la gran caída a finales de 2018 se recuperó muy rápidamente. Pero no te dejes engañar por esa experiencia, o por el mercado alcista histórico de la última década. Alguien que entró en el mercado en 2000, si hubiera comprado el índice, habría necesitado 13 años para empezar a ganar dinero. El mercado experimentó una caída del 89 % entre 1929 y 1932, y no alcanzó nuevos máximos durante 25 años.

El futuro no se parecerá al pasado. Será diferente, y tarde o temprano los mercados bajistas volverán. Los traders tienden a olvidar estas partes de la historia, especialmente porque la última década ha sido un período de mercado alcista. Nuestro enfoque es estar preparados para ganar dinero sin importar lo que haga el mercado, y no dejarnos engañar pensando que los mercados alcistas recientes continuarán durante un período indefinido.

El gráfico anterior, que representa el S&P 500 desde 1995, es nuestro punto de referencia principal en este libro. A modo de comparación, también incluyo los propósitos de rendimiento de uno de los hombres más famosos y ricos del planeta para que puedas ver cómo le fue.

9 de mayo de 1996 - 24 de julio de 2019	SPY
CAGR	9.87 %
Retroceso máximo	54.57 %
Retroceso más largo	64,9 meses
Volatilidad anualizada	23.01 %
Sharpe	0.43
MAR	0.18
Rentabilidad total	**791.07 %**

TABLA 3. Rendimiento de Berkshire Hathaway, 1996-2019.

GRÁFICO 3. Berkshire Hathaway, 1996-2019, rendimiento de comprar y mantener.

Algunos traders creen que pueden hacerlo mejor que el índice simplemente comprando un fondo bien administrado. Berkshire Hathaway puede ser el conglomerado más famoso del mundo. Escuchamos que Warren Buffett es el mejor corredor de bolsa vivo. Esto probablemente sea cierto para él en lo que respecta a los rendimientos netos, pero mucho de ello se debe a que ha estado en el juego durante mucho tiempo. Está disfrutando de la magia del interés compuesto. Su rendimiento es mejor que el del S&P 500, pero ha tenido dos retrocesos de la mitad de su principal que duraron más de cinco años. Si hubieras comprado Berkshire Hathaway en el otoño de 2008, inmediatamente tendrías un retroceso del 53 %.

¿Quién tiene estómago para eso? La mayoría de la gente diría: «Este tipo ha perdido su toque, me salgo». Por supuesto, él volvió, pero eso es porque Buffett tiene una paciencia enorme y está dispuesto a esperar. Tiene una estrategia de trading a largo plazo. La mayoría de las personas no permanecerán en el juego cuando pierdan la mitad de su dinero, especialmente por un rendimiento de aproximadamente el 10 %.

Los traders como Buffett obtienen mucha publicidad cuando les va bien, pero el lado negativo de sus resultados es mucho menos conocido. Más que nada, tienen la voluntad de permanecer en el juego cuando la mayoría de los traders lo dejaría. La volatilidad de sus resultados muestra la desventaja de invertir con un solo sistema.

Berkshire Hathaway no paga dividendos, por lo que es fácil compararlo con nuestros sistemas. En nuestras pruebas retrospectivas no incluimos dividendos, por lo que puedes comparar los resultados sobre una base de rendimiento igualado. (Me gusta adoptar un enfoque conservador, ya que no sabemos si los pagos de dividendos del pasado continuarán con el mismo rendimiento).

En los siguientes capítulos, leerás una forma de crear paso a paso siete sistemas que tienen un rendimiento combinado de la siguiente manera:

2 de enero de 1995-24 de julio de 2019	Sistema de trading	SPY
TACC%	30.44%	8.02%
Retroceso máximo	11.83%	56.47%
Volatilidad anualizada	11.22%	18.67%
Sharpe	2.71	0.43
MAR	2.57	0.14
Rentabilidad total	68,115.39%	562.51%

TABLA 4. Rendimiento del sistema de trading TMS frente a S&P 500.

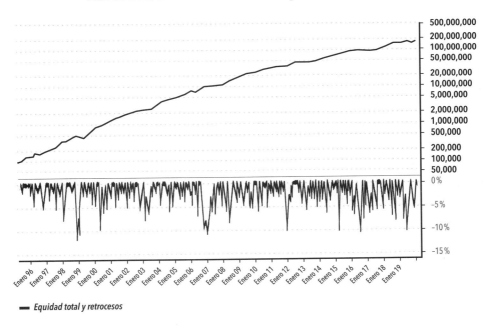

■ *Equidad total y retrocesos*

GRÁFICO 4. Curva de acciones del sistema de trading TMS.

Vale la pena enumerar los beneficios de este enfoque, porque la experiencia de operar de esta manera es muy diferente a lo que la mayoría de los traders están acostumbrados:
- CAGR sustancialmente mayor que el SPY, cerca de cuatro veces mayor.
- Retroceso mucho más bajo; el retroceso máximo es una quinta parte de lo que experimentó el SPY.

- El retroceso más largo duró sólo once meses, en comparación con los más de siete años del SPY.
- Desde 1995, el sistema fue rentable todos los años.
- Gana dinero en los mercados alcistas.
- Gana dinero en los mercados laterales.
- Gana dinero en los mercados bajistas.
- En otras palabras, este enfoque es mucho más sólido que el SPY, ya que brinda rendimientos constantes de dos dígitos en datos probados, independientemente de las condiciones del mercado.

Los cuatro estilos básicos de negociación en acción

Hay dos maneras de protegerse, independientemente de la dirección del mercado. Una es negociar con activos no correlacionados: de manera habitual, se nos enseña que las acciones y los bonos tienden a no estar correlacionados, pero no siempre es así. Cuando uno baja el otro sube, teóricamente. El núcleo de mi enfoque es operar con acciones, y asumo que en tiempos extremos todas las acciones están correlacionadas, por lo que utilizo sistemas no correlacionados que aprovechan los diferentes tipos de movimientos de precios dentro de esas acciones.

Veamos los cuatro sistemas básicos sobre los que se construye todo en mis sistemas, que introduje en el capítulo anterior. En esta sección, te daré una descripción general de alto nivel de los enfoques de los sistemas; más adelante en el libro te presentaré las reglas y los parámetros específicos.

Seguimiento de tendencia en largo

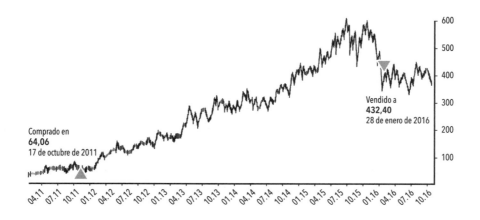

GRÁFICO 5. Trading en largo REGN STL.

Este gráfico ilustra un sistema de seguimiento de tendencias a largo plazo que sólo opera en largo. Abre la operación cuando la tendencia es alcista, y su única tarea es permanecer en el juego y seguir la tendencia mientras el mercado y el precio de las acciones suban. Nos mantenemos en la posición hasta que tengamos evidencia clara de que la tendencia se está doblando. Entonces salimos.

En este ejemplo, puedes ver que compré la acción que sigue este gráfico, símbolo REGN, a 64,06 $ en 2011, y la mantuve mientras subía a más de 600 $. Vendí en 2016 a 432,40 $. Te preguntarás, ¿por qué no lo vendí a 600 $? Porque nunca se sabe cuánto acabará subiendo. Tal vez hubiera llegado a 1000 $. La única tarea de este sistema es permanecer hasta que la tendencia a largo plazo haya terminado claramente y luego salir.

Obviamente, sistemas como éste pueden generar mucho dinero en los mercados alcistas. Pero pierden dinero en los mercados laterales y pierden o se estancan en los mercados bajistas.

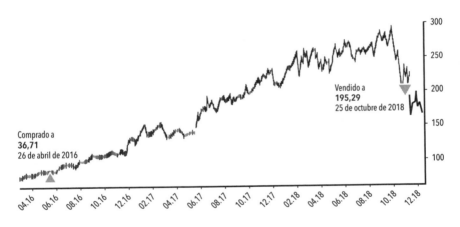

GRÁFICO 6. Trading en largo NVDA STL.

Este gráfico, del símbolo NVDA, es un ejemplo perfecto de cómo alguien se habría sentido operando en el mercado alcista desde 2016 hasta que comenzó a liquidarse en 2018. Nos muestra comprando acciones a 36,71 $ y saliendo a 195,29 $. Notarás que está muy por debajo del máximo de cerca de 300 $, que es parte del trading de estos sistemas. Tienes que devolver parte de tus ganancias para capturar la mayor parte de la tendencia.

Seguimiento de tendencia en corto

GRÁFICO 7. Operaciones en corto SPY STL.

En el primer gráfico, que comienza en junio de 2008, vemos un claro ejemplo de cómo, con un estilo simple como es el seguimiento de tendencia en corto, se podría estar cubierto durante el mercado bajista completo en 2008. La tendencia a la baja comenzó a establecerse en junio y julio de 2008. Eso desencadenó una señal de trading y fuimos en corto en el ETF SPY a 132,01 $. La operación se movió mucho durante unos meses, pero luego superó el punto más bajo de marzo de 2009. Capturamos todo el movimiento bajista, obteniendo grandes ganancias en el lado corto, saliendo a 88,59 $.

Podrías preguntarte, ¿por qué no salí en marzo de 2009, en la parte inferior? Porque sólo en retrospectiva sabemos que aquél fue el fondo. El precio de seguir una tendencia, ya sea en largo o en corto, es que debes estar dispuesto a renunciar a parte de tu ganancia para asegurarte de capturar la tendencia completa. Esperamos para salir hasta que hubo una señal clara de que la tendencia había terminado.

El segundo gráfico muestra una operación similar en el mercado bajista de 2000 a 2003. Acortamos el SPY cuando nuestros sistemas vieron la configuración correcta en octubre de 2000, a 139,80 $, y permanecimos en la operación hasta enero de 2002, saliendo a 117,38 $. Ambas son operaciones en corto ideales en mercados bajistas.

Reversión a la media en corto

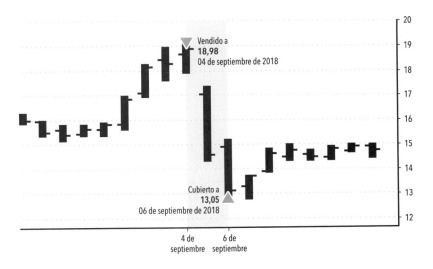

GRÁFICO 8. Trading en corto de reversión a la media de SGMO.

En 2018 vemos un claro ejemplo de la acción SGMO, que el 4 de septiembre estaba tan sobrecomprada que disparó una señal de venta en corto. Estadísticamente es un momento en el que la ventaja está a nuestro favor: la acción tiene una probabilidad mayor que la aleatoria de volver a su media. Así, podemos vender al descubierto y volver a comprar unos días más tarde con una ganancia. Estas operaciones son siempre de naturaleza a corto plazo.

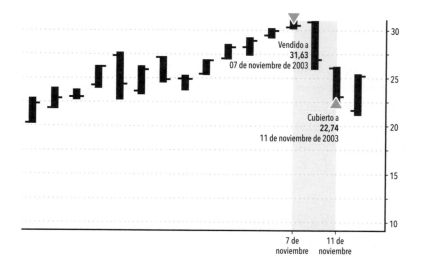

GRÁFICO 9. Trading en corto de reversión a la media de CYD.

Otro ejemplo claro con la acción CYD en noviembre de 2003. El mercado de esta acción creció con codicia, subiendo de 20 a más de 31 en dos semanas. Para entonces, las acciones estaban tan sobrecompradas que los vendedores salieron para obtener una ganancia, lo que hizo que las acciones bajaran y volvieron a su valor medio.

Como he explicado anteriormente, sabemos que debemos operar en corto cuando el mercado está cayendo no sólo para ganar dinero, sino también para compensar el dinero que estamos perdiendo en el lado largo. En un sistema de reversión a la media, sigo la máxima «vende codicia, compra miedo».

Reversión a la media en largo

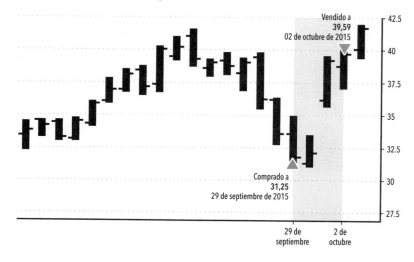

GRÁFICO 10. Trading en largo de reversión a la media.

Éste es el otro lado de la reversión a la media. En lugar de vender codicia, compramos miedo. Compramos miedo o pánico y esperamos hasta que una acción vuelva a su media. En este ejemplo, puedes ver que hubo una tendencia alcista y luego una gran liquidación. La acción estaba sobrevendida. Hubo pánico y, a menudo, ése es un buen momento para comprar una acción, porque existe una probabilidad estadísticamente mayor que el promedio de que la acción regrese a su precio medio.

Compré a 31,25 $ y tres días después vendí a 39,59 $.

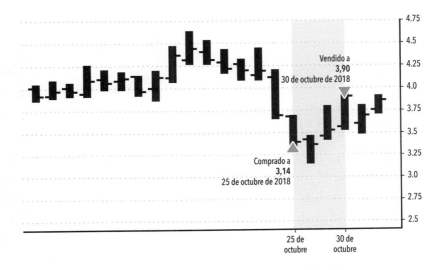

GRÁFICO 11. Trading en largo de reversión a la media de GNC.

Aquí hay otro ejemplo claro de una gran operación en largo de reversión a la media. Hubo una gran tendencia alcista en septiembre y parte de octubre en la que la acción GNC subió de 2,71 a 4,47. Entonces comenzó la toma de ganancias. Esto dio como resultado una venta masiva de pánico. El pánico es bueno para configuraciones largas de reversión a la media. Entonces, el sistema desencadenó una situación de sobreventa tal que las probabilidades estaban a nuestro favor para comprar esa acción. Lo hicimos a 3,14 $, y tres días hábiles después la volvimos a vender cuando había vuelto a su media de 3,90 $.

Al igual que con la reversión a la media en corto, sólo se mantiene durante unos días y luego se sale. Espera a que las acciones se recuperen a su media, pero incluso si no lo hacen, sal de todos modos en unos pocos días.

Permíteme dejar claro que estos resultados no suceden porque esté observando estas acciones cuidadosamente y tenga un gran momento de suerte. Son el producto de sistemas probados que emplean indicadores técnicos para señalar cuándo debo entrar y salir. Éste es uno de los conceptos centrales de mi enfoque.

Resultados: Combinación de sistemas no correlacionados, diferentes estilos y diferentes direcciones

2 de enero de 1995 - 24 de julio de 2019	Sistema de trading	SPY
TACC%	22.52%	8.02%
Retroceso máximo	42.14%	56.47%
Volatilidad anualizada	22.70%	18.67%
Sharpe	0.99	0.43
MAR	0.53	0.14
Rentabilidad total	14,560.64%	562.51%

TABLA 5. Tendencia a largo plazo con rendimiento prolongado de un solo sistema.

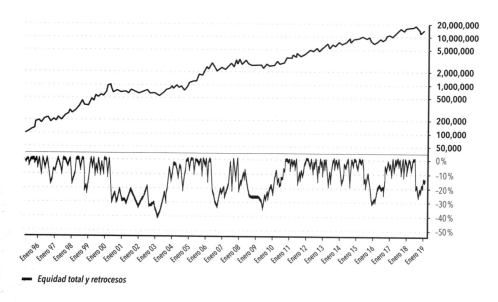

— *Equidad total y retrocesos*

GRÁFICO 12. Tendencia a largo plazo con rendimiento prolongado de un solo sistema.

Los gráficos de esta sección, como los del libro que muestran el rendimiento de los sistemas, representan resultados retrospectivos de 1995 a 2019. Desde 1995, este sistema de seguimiento de tendencias a largo plazo tuvo una tasa de crecimiento anual compuesto (CAGR) de un poco más del 22%. El retroceso máximo fue del 42%, que es demasiado grande para que la mayoría de las personas lo maneje. El retroceso más largo duró cuatro años y medio. Muchos no pueden soportar perder gran parte de su capital y seguir operando. Todo el mundo estaría contento si lograra un rendimiento promedio del 22 % en los últimos veinticuatro años, que es mucho mejor que el índice de referencia S&P 500 de alrededor del 8 %. Pero si experimentan esas reducciones, perdiendo cerca de la mitad de su dinero, salen corriendo.

2 de enero de 1995 - 24 de julio de 2019	Sistema de trading	SPY
TACC %	18.14 %	8.02 %
Retroceso máximo	24.66 %	56.47 %
Volatilidad anualizada	11.50 %	18.67 %
Sharpe	1.58	0.43
MAR	0.74	0.14
Rentabilidad total	5,897.58 %	562.51 %

TABLA 6. Rendimiento de un solo sistema de reversión a la media en corto.

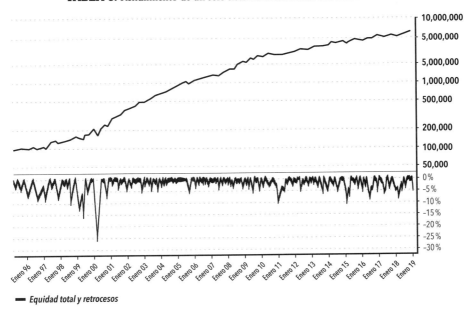

■ *Equidad total y retrocesos*

GRÁFICO 13. Rendimiento de un solo sistema de reversión a la media en corto.

El sistema de reversión a la media en corto tuvo un rendimiento decente durante el mismo período de tiempo del 18 % y un retroceso máximo del 24 %.

La magia de combinar diferentes sistemas con diferentes direcciones y diferentes estilos

Seguimiento de tendencia en largo y reversión a la media en corto

Mira lo que sucede cuando combinas ambos sistemas, cosa que hago operando 100 % en largo y 100 % en corto al mismo tiempo. Puedo hacerlo con una cuenta de margen, y cuando he invertido completamente en largo y en corto al mismo tiempo, considero que mis posiciones son planas, porque cada lado cubre el otro lado.

Cuando los dos sistemas se operan en combinación de esta manera, ambas tendencias mejoran. La CAGR sube al 43 % y el retroceso máximo cae al 31 %. Además, el retroceso más largo ahora es de sólo 16 meses, durante un período en el que el S&P 500 estuvo en retroceso durante 80 meses, de 2003 a 2007. El mercado tardó ese tiempo en volver a sus máximos anteriores. El MAR mejoró hasta 1,37.

Rendimiento de los dos sistemas combinados:

2 de enero de 1995 - 24 de julio de 2019	Sistema de trading	SPY
TACC%	43.13%	8.02%
Retroceso máximo	31.54%	56.47%
Volatilidad anualizada	20.70%	18.67%
Sharpe	2.08	0.43
MAR	1.37	0.14
Rentabilidad total	666,623.64%	562.51%

TABLA 7. Rendimiento combinado de seguimiento de tendencia en largo
y de sistemas de reversión a la media en corto y en largo.

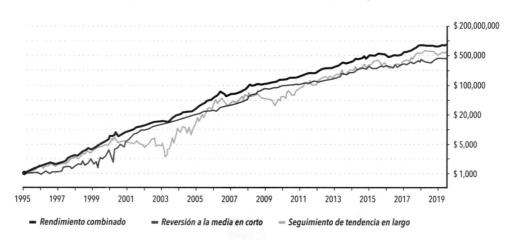

GRÁFICO 14. Rendimiento combinado, seguimiento de tendencia en largo
y sistemas de reversión a la media en corto y en largo.

Se podría pensar que los dos sistemas son un juego de suma cero, que se anulan entre sí. Pero no lo hacen. Con el sistema en largo tratamos de capitalizar tanto como sea posible cuando las tendencias están a nuestro favor y luego minimizar las pérdidas cuando no lo están. Si observas el gráfico de acciones anterior, puedes ver que el sistema en largo ganó dinero en momentos favorables cuando los mercados subieron y luego pasó al efectivo porque no hubo oportunidades o configuraciones para operar (como en 2008). Al mismo tiempo, el capital acumulado del sistema en corto generaba dinero cuando el mercado bajaba.

Si sabes que puedes ganar dinero no sólo cuando el mercado está subiendo, sino también en un mercado bajista como el de 2000, el de 2008 o el de finales de 2018, te sentirás muy cómodo operando con sistemas como éstos. Sabrás que tu sistema no tiene preferencia real por lo que hará realmente el mercado.

Lo único necesario es que haya movimiento en los mercados. Incluso si ese movimiento es lateral, los sistemas a más corto plazo, como la reversión a la media en corto y la reversión a la media en largo, pueden producir beneficios. Las acciones se moverán en una banda, y un sistema de reversión a la media acortará las acciones sobrecompradas y comprará acciones sobrevendidas, esperando que vuelvan a su media.

Éstas son las estructuras básicas del trading de operaciones no correlacionadas: combinar diferentes direcciones y diferentes estilos, es decir, operar en largo y en corto y operar siguiendo tendencias y revirtiendo a la media.

Es posible que estés ansioso por ver de inmediato todas las reglas de todos los sistemas.

Pero antes de entrar en la mecánica de la creación de sistemas, incluidos en los 12 ingredientes esenciales de cada sistema, debes dar un paso atrás y hacerte algunas preguntas fundamentales. De eso trata el próximo capítulo.

CAPÍTULO 4

Para tener éxito, primero define tus objetivos

¿Por qué necesitamos objetivos? Después de todo, existe un objetivo de trading universal. Cuando le pregunto a alguien que quiere invertir cuál es su objetivo, la primera respuesta que dan todos es: «Quiero ganar la mayor cantidad de dinero posible con el menor riesgo posible». Eso es lo que todo el mundo quiere.

De hecho, esa respuesta no tiene ningún sentido, como explicaré en un momento.

La segunda respuesta que suelo escuchar es que quieren introducirse en el trading para ser como yo o como algún trader o administrador de fondos de cobertura famoso. «Sólo quiero aprender de los mejores –dicen– y hacer lo mismo».

¿Por qué deberían reinventar la rueda? Te diré por qué: porque simplemente no es posible «hacer lo mismo». Mi situación personal, mis preferencias, mis fortalezas y debilidades son todas diferentes a las de cualquier otra persona. Por ejemplo, considera las creencias. Si alguien cree que el mercado subirá para siempre, tiene un sesgo alcista muy fuerte y sólo puede operar de esa manera. Si alguien vive en un entorno donde existe un alto impuesto sobre las ganancias de trading, desarrollará creencias diferentes sobre cómo puede invertir. Warren Buffett, por ejemplo, no realiza transacciones a corto plazo porque no le gusta la tasa impositiva más alta que tiene que pagar por esas ganancias y no cree en los sistemas a corto plazo en general. Por otro lado, hay muchos traders famosos que confían sólo en sistemas a corto plazo y no creen en el enfoque lento a largo plazo. En pocas palabras: hay sistemas para todos.

Luego está la volatilidad. Algunas personas se sienten cómodas con acciones de alta volatilidad como Tesla y Netflix. Otros quieren acciones muy estables, como las que se encuentran en el S&P 100. Esos niveles de comodidad o incomodidad los llevan hacia ciertos sistemas de trading.

Otros no pueden soportar cerrar una operación sin obtener ganancias, una creencia que puede derivar de lo que aprendieron en la escuela primaria, que un suspenso es una mala calificación, representa un fracaso y no pueden manejarlo. O hay gente que dice: «Nunca te arruinarás sacando ganancias». (Eso en realidad no es cierto. Si continuamente sacas pequeñas ganancias, un día realizarás una operación que retroceda mucho y que siga cayendo, y psicológicamente no podrás cerrar la operación y asumir la pérdida. Tu aversión a la pérdida en realidad empeorará la situación).

Otro sistema de creencias dice que el riesgo está bien. Estas personas dirán, «Quiero arriesgar una pequeña cantidad de dinero, no me importa si lo pierdo». Al igual que uno de los mejores traders de todos los tiempos, Paul Tudor Jones, buscarán rendimientos asimétricos en los que la operación ganadora promedio sea mucho mayor que la operación perdedora promedio. Este enfoque significa que podría tener pérdidas alrededor del 60% o del 70% del tiempo o más. A pesar de que, con el tiempo, ganan dinero, esa tasa de pérdida es demasiado abrumadora psicológicamente para muchas personas.

Este tipo de diferencias en la perspectiva y la tolerancia al riesgo empujan rápidamente a las personas hacia diferentes sistemas de trading. Consideremos cuatro ejemplos de diferentes situaciones que conducen a diferentes enfoques.

John

John tiene veintiocho años, vive una vida acelerada y es muy impaciente. Tiene una cuenta de trading de 30 000 $ y tiene una parte de jugador. Es muy agresivo como trader, pero es joven, está muy bien pagado en su trabajo, por lo que no le importa demasiado si su cuenta cae un 35%. No tiene hijos y no piensa en jubilarse. Le gusta la emoción del trading, le hace feliz operar todos los días en su ordenador, y si gana más dinero, lo utilizará para comprar un automóvil mejor.

Jim

Jim, por otro lado, tiene cincuenta y cinco años. Sigue trabajando, pero le gustaría jubilarse. Tiene 2 millones de dólares en sus cuentas y mucha menos tolerancia al riesgo que John. Ha trabajado mucho tiempo para acumular ese dinero y no quiere perderlo. Quiere que crezca a un ritmo agradable y constante, y no puede imaginar perder más del 15% porque eso pondría en peligro su jubilación. Se siente cómodo con los ordenadores, pero no quiere estar pegado a uno para hacer sus transacciones. Si puede capitalizar su dinero en torno al 15% anual con bajo riesgo y baja volatilidad, se sentirá muy cómodo.

Donald

Donald, nuestro tercer operador, tiene setenta y dos años y 7 millones de dólares, la mayoría en cuentas IRA. Odia pagar impuestos y prefiere una estrategia de comprar y mantener. Pasó por alto en gran medida todo lo referente al mundo de los ordenadores, por lo que, si bien puede utilizar uno, no se siente muy cómodo con ellos.

Brian

Brian, de cuarenta y seis años, es un ejecutivo bien pagado que tiene una vida muy ocupada. Tiene 500 000 $ en su cuenta de operaciones, es bueno con las matemáticas y los ordenadores, y quiere acumular más riqueza, pero no tiene mucho tiempo. Puede dedicar una hora a la semana, como mucho, a operar en trading.

Cada uno de estos individuos puede operar en trading en los mercados, pero para que cada uno tenga éxito, necesitarían un enfoque de trading diferente que refleje quiénes son psicológicamente, dónde están en cuanto a lo profesional, dónde están en la vida y más. Ninguno de ellos se beneficiaría de tratar de clonar mi enfoque, porque no los reflejaría y, en consecuencia, no podrían apegarse a él. Para que puedan operar en trading con éxito, deben tener un 100 % de claridad sobre sí mismos y sus objetivos.

Alguien que quiera operar en trading necesita responder a preguntas como éstas:

- ¿Cuál es tu nivel de comodidad haciendo análisis técnico?
- ¿Qué tal se te dan las matemáticas?
- ¿Cómo son tus habilidades informáticas?
- ¿Eres una persona detallista o estás más orientada hacia el panorama general?
- ¿Te gusta trabajar con números?
- ¿Eres analítico o no?
- ¿Tu cuenta está sujeta a impuestos o no?
- ¿De cuánto tiempo dispones cada día para ejecutar tus sistemas?

La cuestión del tiempo es algo en lo que algunas personas pueden no pensar. Algunas están contentas de estar pegadas a la pantalla. Algunas quieren dedicar media hora al día, o llevan vidas ocupadas con niños y trabajos y sólo pueden hacerlo semanal o mensualmente. Algunas quieren operar cuentas para ellas y cuentas para sus hijos, otras quieren que sea algo muy simple. Pueden tener una cuenta de 5 millones de dólares o una cuenta de 5000 dólares. Con una cuenta de 5 millones, tienes muchas más oportunidades para construir muchos sistemas no correlacionados. Con una cuenta de 5000, es mejor una manera de operar más simple.

Sean cuales sean tus respuestas a estas preguntas, hay una estrategia para ti.

Quizá lo más importante que me gusta preguntar a las personas es: «¿Cómo sería tu vida perfecta como trader?». Eso puede revelar mucho. A partir de ahí pasamos a los objetivos, que divido entre objetivos generales y objetivos del sistema individual.

Objetivos generales

Objetivos personales

Esto implica responder a preguntas sobre cómo definirías tu vida perfecta como trader, observar tu situación personal y preguntarte qué es lo que realmente quieres.

¿Cuál es tu razón para operar en trading? ¿Es para acumular riqueza? ¿Flujo de caja mensual? ¿O tienes algún otro objetivo? Mucha gente tiene objetivos menos obvios que en realidad pueden ser malos para su éxito en el trading. Por ejemplo, es posible que deseen estar en un entorno de alto ritmo. Pueden vivir una vida aburrida y quieren algo de emoción. Tienen un trabajo aburrido, ven traders que parecen tener vidas muy emocionantes, y eso es lo que quieren. Pueden anhelar el subidón de ganar en un juego. Sin embargo, estos enfoques pueden ser muy peligrosos. Establecerán tamaños de posición que son demasiado grandes, y si el mercado se vuelve en su contra, pueden acabar con su cuenta de trading. Esto no es un juego: se trata de tus finanzas, y debes entender y administrar bien tus motivaciones sobre cómo manejarlas.

Objetivos psicológicos

¿Cómo quieres sentirte durante el trading? La respuesta será diferente para todos, pero debes definirla, porque necesitas determinar el estado mental que te garantiza no anular tus sistemas. No puedes tener dudas ni vacilaciones acerca de tus posiciones, ni miedo, ni inseguridad, ni tampoco demasiado entusiasmo. (Si estás demasiado entusiasmado significa que estás obteniendo demasiadas ganancias, lo que quiere decir que asumes demasiados riesgos). Cuando arriesgas demasiado, y el mercado baja, ese entusiasmo se convierte en miedo. Necesitas un estado mental que garantice un trading impecable. Una de las creencias de los mejores traders es que operar debería ser un poco aburrido. Si lo consideras aburrido, entonces puedes ejecutar tus sistemas de trading porque no estás emocionalmente apegado a ninguna operación.

Objetivos de tolerancia al riesgo

¿Cuál es el retroceso promedio que puedes manejar fácilmente en el trading en vivo? Sin excepción, todos los traders que conozco sobreestiman ese número. Miran una curva de equidad que sube de izquierda a derecha, y ésa es la parte que ven. No se centran en el retroceso del 20 %. Dicen: «Claro, se reduce, pero está generando dinero». La experiencia me ha enseñado que el 99 % de todos los traders deberían reducir a la mitad su estimación de retroceso aceptable, porque de lo contrario se acobardarán cuando se acerquen a esos números.

Hay otra pregunta: ¿cuál es el retroceso máximo que puedes manejar en el trading en vivo sin suspender el sistema? El retroceso medio es algo con lo que debes lidiar, porque estás arriesgando dinero para ganar dinero. A veces, tu sistema se verá afectado con más intensidad de lo normal, y ahí es cuando puedes estar preparado para un movimiento ascendente. Pero si el retroceso máximo es mayor de lo que esperabas, también es cuando la mayoría de la gente suspende y tira la toalla. Debes poder operar dentro de estas reducciones sin pensar en que podrían llevarte a suspender el sistema de trading.

Luego está la cuestión de la duración del retroceso. ¿Cuánto tiempo puedes tolerar estar bajo el agua y no ganar dinero? Como ya hemos visto, después del mercado bajista de 2000-2003, pasaron siete años antes de que el S&P 500 volviera a donde había estado y comenzara a ganar dinero. En general, con nuestros sistemas, esas duraciones son mucho más cortas, pero si no puedes manejar una duración prolongada del retroceso, necesitas un sistema con una alta frecuencia de operaciones. Por ejemplo, si tu sistema sólo opera diez veces al año y tiene un retroceso del 20 %, permanecerás allí durante mucho tiempo porque es muy posible que no se generen operaciones. Una mayor frecuencia de operaciones encontrará oportunidades antes y te sacará antes.

Objetivos de rendimiento y beneficio

¡Aquí es donde todo el mundo quiere empezar! Quieren obtener una rentabilidad del 100 % anual, pero tienen que ver que los objetivos de rentabilidad estén en consonancia con los objetivos de riesgo. Miran ese emocionante objetivo de ganancias, pero no entienden que, si quieren llegar al 100 % anual, tendrán que arriesgar mucho. El retorno y el riesgo siempre están vinculados. Si deseas un alto rendimiento, debes ser capaz de manejar un alto riesgo.

Conozco a personas que dicen: «Está bien, lo entiendo. Quiero al menos un 30 % o 40 % de retorno, pero no puedo manejar más de un 4 % de caída en mis cuentas». Les digo que simplemente no pueden lograrlo a largo plazo. Es posible que lo logren en un *backtest* demasiado optimizado, pero superarán ese retroceso en el trading en vivo y luego se acobardarán.

Cuanto más dispuesto estés psicológicamente y más seas capaz de arriesgar, mayores serán tus ganancias si tu sistema tiene una ventaja significativa. Pero el riesgo debe estar en consonancia con lo que te sientas cómodo. Tienes que entender que necesitas esas reducciones porque estás arriesgando dinero. Si no puedes arriesgar dinero, vete al efectivo y obtén el 0 %.

Estilos de objetivos

Básicamente, hay dos estilos, como he mostrado anteriormente: seguimiento de tendencias y reversión a la media o contratendencia. En el estilo de seguimiento de tendencias, seguimos tendencias, preferiblemente de larga duración, y nos mantenemos firmes hasta que la tendencia cambia. Cuanto más larga sea la duración de la tendencia, mayores serán las ganancias. Es un sistema muy aburrido para mucha gente porque no hay tanta actividad. Que sea aburrido es el objetivo.

El problema con el seguimiento de tendencias, como mencioné anteriormente, es que tiene que soportar algunas caídas bastante grandes, y sólo genera dinero el 30 % o 40 % del tiempo, cuando los mercados están realmente en tendencia. De lo contrario, los mercados están de lado. La mayoría de las veces, los sistemas de seguimiento de tendencias no lo hacen bien hasta que hay una tendencia, y luego ganan mucho dinero.

El estilo de reversión a la media es generalmente un estilo de negociación de corta duración. Por ejemplo, compras una acción que ha sido sobrevendida con la expectativa de que volverá a su media estadística. La probabilidad estadística de un movimiento en esa dirección está a tu favor, ésa es tu ventaja. Mantienes posiciones sólo durante unos días, y la ganancia esperada en cada operación es bastante pequeña. Eso significa que debes tener una alta frecuencia de operaciones para obtener grandes ganancias. Si operas sólo veinte veces al año, es posible que tengas una alta tasa de ganancia del 70 %, pero tu CAGR podría ser sólo del 1 % por año. Puedes entrar a una operación a las 10 y vender a las 11. Eso es bueno, pero debes hacerlo muchas veces para acumular un buen rendimiento. Por otro lado, podrías entrar a una sola operación en un sistema de seguimiento de tendencias y, en teoría, obtener un rendimiento ilimitado, siempre que la tendencia continúe.

Alguien que es impaciente probablemente preferirá la reversión a la media, porque hay una mayor tasa de ganancias y más acción. Otras personas prefieren el enfoque silencioso del seguimiento de tendencias.

Lo mejor de ambos mundos, y el núcleo de lo que trata este libro, es que cuando combinas ambos estilos, puedes aumentar exponencialmente tu CAGR mientras disminuyes tus reducciones.

Objetivos direccionales

Podemos operar tanto en largo como en corto, como he descrito. El trading en largo es especular sobre un mercado que se mueve hacia arriba, el trading en corto sobre un mercado bajista. Sabemos por nuestra muestra de datos de *backtest* que el mercado claramente tiene un sesgo largo; es decir, ha aumentado un 8 % anual, en promedio, durante los últimos veinticuatro años.

Si estás operando dentro de una cuenta IRA, tus objetivos direccionales están limitados por regulaciones que no permiten la venta al descubierto de acciones en esas cuentas. También conozco a traders a los que no les gusta ir en corto porque sienten que es antipatriótico apostar a que las acciones de una empresa bajen. Eso no me molesta, y si ése es uno de los valores que te mueven, está bien.

En términos más generales, algunas personas se sienten incómodas con las operaciones en corto porque el riesgo de pérdida es teóricamente ilimitado. Esto es lo que quiero decir:

Digamos que entras a una operación en largo de 1000 acciones a 10 $ la acción, y al día siguiente la acción abre a cero. Has perdido toda tu inversión de 10 000 $.

Ahora supongamos que en lugar de comprar en largo, pusiste en corto 1000 acciones de esa acción a 10 $. Estás apostando a que las acciones bajarán de 10 $ a 8 $ y tendrás una diferencia de 2000 $. En cambio, por la mañana abre a 30 $. Tienes que cubrir tu posición. No estás fuera a 2000 $, estás fuera a 20 000 $. Si abre a 50 $, peor aún: estás fuera a 40 000 $. Este nivel de riesgo es inaceptable para muchas personas. No importa si tienen establecida una *stop-loss* en el mercado.

Plazos objetivos

¿Qué tipo de operaciones quieres tener? ¿Quieres obtener ganancias rápidas? ¿Quieres participar en el trading intradía en el que no tienes riesgo durante la noche porque cierras todas sus posiciones al final de cada jornada? Muchas personas quieren dormir bien sabiendo que no están expuestas al mercado durante la noche. Si te preocupan tus posiciones después del cierre del mercado o durante el fin de semana, es posible que las operaciones nocturnas no sean para ti. Es posible que prefieras el trading intradía.

O dices: «Me gustan las posiciones a largo plazo porque creo que hay demasiado ruido en los mercados. Creo que necesito ser más paciente y darle al mercado espacio para moverse».

Al igual que con los objetivos de estilo y direccionales, si te sientes cómodo combinando marcos de tiempo cortos y largos, mejorarás tus resultados.

Objetivos operativos

¿Cómo quieres operar? Específicamente, ¿cuándo deseas entrar a tus operaciones? ¿Sólo entras una vez, antes de que abra el mercado, y luego no las miras después? ¿Quieres verlas con atención y estar pegado a la pantalla todo el día? ¿Quieres entrar manualmente o, en cambio, utilizar una plataforma automatizada? Hay muchas opciones que influirán en tus operaciones diarias y, por lo tanto, en los sistemas de trading que diseñes.

Objetivos de un solo sistema

Con los objetivos generales establecidos, dirijamos nuestra atención a los objetivos del sistema único. Nuestra estrategia se compone de múltiples sistemas no correlacionados. Para cada sistema hacemos una serie de preguntas.

Primero, ¿cómo encaja el sistema en la estrategia general? Es decir, ¿cuándo necesita ganar dinero y cuándo se supone que debe perderlo? La segunda pregunta puede hacer que algunas personas se sientan muy incómodas, porque tienden a querer desarrollar un sistema único que genere dinero todos los meses. Los sistemas no correlacionados, por su propia definición, perderán dinero cuando otros sistemas lo ganen. Utilizando mucha potencia informática, podemos diseñar sistemas como ése, pero estarán sobreoptimizados, es decir, estarán diseñados para adaptarse al pasado, pero no funcionarán tan bien en el futuro porque el futuro no refleja el pasado.

Aquí hay un ejemplo de cómo se supone que un sistema pierde dinero. Supongamos que diseñas un sistema de seguimiento de tendencias a largo plazo que sigue las tendencias alcistas en los mercados alcistas. Haces tu análisis y ves que gana mucho dinero de 2013 a 2017, pero hay momentos en el *backtest* que pierde dinero, como el mercado bajista de 2008 y finales de 2018. No puedes esperar que un sistema construido de esta manera gane dinero cuando el mercado cae un 56 %. Ésa es una expectativa totalmente irreal, y debes tener claridad al respecto. Además, no imagines que podrás desarrollar sistemas especiales que siempre seleccionen grandes acciones y, por lo tanto, siempre ganen dinero y puedan escapar de fuertes movimientos a la baja en el mercado. Las grandes tendencias bajistas producen mucho pánico. Hay tanta presión de venta que la mayoría de las acciones se correlacionan al 100 % con el mercado más grande, independientemente del sector o la industria.

En segundo lugar, ¿qué cartera deseas operar y por qué? ¿Deseas una cartera grande con muchas acciones para que puedas obtener una alta frecuencia de trading, o deseas una cartera pequeña sólo con componentes del índice del S&P 500 para seguir tendencias porque tiene un sesgo al alza y contiene acciones de mayor liquidez de empresas que generalmente se supone que son más seguras? ¿Quieres acciones de alto o bajo volumen? Por ejemplo, si seleccionas un volumen bajo, no participarás con traders institucionales. Estarás en un campo completamente diferente. ¿Te parece una ventaja o una desventaja?

¿Qué tipo de filtros de precios quieres? Al igual que con el volumen, si eliges negociar acciones de muy bajo precio, estarás fuera de la arena en la que operan las grandes instituciones. Invierten miles de millones de dólares y no pueden participar en mercados donde sus inversiones mueven los precios. Por debajo de 10 $, generalmente no verás involucradas a grandes instituciones. A algunas personas les gusta operar con acciones de céntimos, que tienen una gran volatilidad. O tal vez prefieras acciones aburridas de gran capitalización de empresas maduras.

¿Cuándo te sentirás cómodo entrando a una operación? Por ejemplo, a algunas personas les gusta mirar el mercado en general y sólo entran a una operación cuando el S&P 500 está en una tendencia alcista.

¿Cómo quieres entrar en la operación? ¿Mercado abierto o una orden limitada? ¿Puedes aceptar algún retroceso para asegurarte de entrar a la operación, o deseas entrar sólo

a un precio predeterminado? Se obtiene una ejecución garantizada con una orden de «mercado abierto». Esto a veces significa que tendrás algún retroceso.

Del mismo modo, ¿cuál es tu indicador para salir de la operación? Antes de entrar en una operación, debes saber cómo vas a salir de ella.

¿Cuál es tu stop-loss? Esto se relaciona con la forma en la que defines y limitas tu riesgo. Debes saber exactamente lo que estás dispuesto a perder. Esta *stop-loss* inicial define tu frecuencia de operaciones. Si tienes una *stop-loss* muy baja, existe una alta probabilidad de que te detengas. Si tienes una *stop-loss* amplia, hay menos posibilidades de que te detengas inmediatamente. Además, esto generalmente da una frecuencia de operaciones más baja. Al mismo tiempo, por lo general define la tasa de ganancia: qué porcentaje de tus operaciones terminarán como ganadoras. Una *stop-loss* baja parece que te salva de perder capital, pero puedes terminar siendo azotado: te detendrás con una pequeña pérdida, sólo para ver que las acciones suben porque tu *stop-loss* baja estaba dentro del rango de volatilidad.

¿Qué pasa con tu stop-loss dinámica en un sistema de seguimiento de tendencias? Esto es un reflejo de la cantidad de ganancias que estás dispuesto a devolver. Si eres muy codicioso, puedes tener una *stop-loss* dinámica baja porque no quieres devolver muchas ganancias en un retroceso. Pero es posible que te detengas como parte de una corrección menor en una tendencia más grande, perdiendo aún más ganancias.

¿Cuándo quieres sacar beneficios? Los seguidores de tendencias simplemente siguen la tendencia hasta que se dobla y la *stop-loss* dinámica los elimina. A los traders a corto plazo les gustan los objetivos de ganancias. Dicen: «He entrado a 10 $, si en tres días llega a 11 $, me salgo». Si tienes un objetivo de ganancias muy pequeño del que sales inmediatamente, entonces tendrás un alto porcentaje de operaciones ganadoras.

¿Cuándo quieres salir? Durante el día, en el mercado al cierre, en el mercado al abrir.

Una vez que sabemos las respuestas a estas preguntas, se convierten en los parámetros por los cuales diseñamos un sistema. Configura el sistema, realiza una prueba retrospectiva e intenta optimizar para ver qué resultados obtienes.

Sistemas conceptualmente correctos

En el mundo actual, tenemos acceso a una potencia informática sin precedentes. Podemos realizar pruebas retrospectivas con muchos muchos parámetros diferentes. Ciertos proveedores de *software* incluso tienen un botón de «optimización» que analiza todos los parámetros y te dice: «Si hicieras esto, esto y esto, obtendrías los mejores resultados». Algunas personas piensan que es una excelente manera de desarrollar un sistema de trading, pero en realidad es sólo minería de datos. Te dirá cómo establecer los parámetros para aprovechar todo lo que sucedió en el pasado, pero el futuro siempre será diferente y sus resultados también serán potencialmente muy distintos.

Por otro lado, si deseas desarrollar un sistema conceptualmente correcto, comenzarás por una premisa, como «Sé que operar en una tendencia a largo plazo siguiendo un sistema en largo generará dinero cuando el mercado suba, y supongo que pierda dinero cuando el mercado baje». O digamos que deseas operar en una tendencia a largo plazo siguiendo un sistema en corto. Sabes que la mayoría de los años perderás dinero a medida que suba el mercado. Cada año, pierdes un pequeño porcentaje. Pero cuando llega una gran crisis, como el colapso de 2008, sabes que vas a ganar mucho dinero. Estás asumiendo esas pérdidas como una póliza de seguro.

En comparación con la extracción de datos para obtener el sistema «perfecto», busca conceptos que sepas que funcionarán en determinadas situaciones. Define reglas simples que midan la acción del precio en ciertos mercados y aplica una idea conceptualmente correcta de cuándo entrar y salir.

Si luego combinas múltiples conceptos correctos, te acercas lo más posible al santo grial.

Por qué fracasan los traders

Le pregunté a un colega cómo iba su trading y me dijo que lo había suspendido. Había experimentado un retroceso del 10 % y eso lo hizo sentir muy incómodo, aunque antes de eso me había dicho que se sentiría cómodo con una situación así. Realmente no se había entendido a sí mismo.

Mucha gente tiene tendencia a centrarse en los rendimientos. Ven la posibilidad de una tasa compuesta anual del 40 % o 50 %, la ponen en sus hojas de cálculo y calculan cuánto dinero pueden obtener en diez o veinte años y sueñan con una casa más grande o con un barco. Se centran en los rendimientos y se olvidan de los retrocesos. Luego, cuando ocurren los retrocesos, se dan cuenta de que no pueden manejarlos.

Cuando empiezo a trabajar con clientes, quieren acceder al *software* de inmediato y comenzar a crear sistemas. En cambio, paso el primer mes con ellos analizando su psicología y sus objetivos. Si se saltan esa parte, no van a operar con sus sistemas de manera efectiva, porque no habrán construido sistemas que realmente reflejen sus creencias, sus estilos de vida y sus preferencias. La clave para una negociación exitosa es permanecer en el juego, y los operadores que no han hecho este trabajo profundo antes de tiempo tienen menos probabilidades de hacerlo.

Aquéllos a quienes he visto fallar lo hacen porque no estiman bien el riesgo que pueden manejar. Les pregunto sobre sus objetivos de riesgo (retroceso máximo, retroceso promedio y duración del retroceso que piensan que pueden manejar cómodamente) y me dan una respuesta. Digamos que un trader tiene 500 000 $ y me dice que puede manejar cómodamente un retroceso del 30 %. Ha trabajado veinte años para acumular ese dinero. Le pregunto: «Si después de un año tienes 350. 000 $, ¿cómo te sentirás?». Nueve de cada diez dicen: «¡Fatal!». Les pregunto si todavía piensan que podrían ser capaces de cambiar ese estado de ánimo. Muchos de ellos no pueden.

Tal retroceso, o mayor, es absolutamente posible. Puede haber un retroceso, y además no hay razón para que no pueda suceder una y otra vez. La mayoría de los traders no piensan de esa manera, especialmente después del mercado alcista que hemos tenido durante una década. Pero puede pasar. El mercado bajista de la Gran Depresión terminó en 1933, pero pasaron veinticinco años antes de que volviera al punto de equilibrio. Veinticinco años de retroceso. ¿Cómo te sentirías en ese escenario?

Los sistemas que construyo, y que tú puedes construir, pueden sufrir reducciones mucho menores que ésa, pero debes sentirte cómodo viviendo en estados de retroceso. Necesitas pensar mucho en cómo te sentirías en esa situación.

Les digo a todos mis clientes que empiecen despacio, que se conformen con un rendimiento anual del 15 % en lugar del 30 %, que vean si pueden manejar las fluctuaciones diarias en sus cuentas, y si pueden manejar un par de reducciones grandes. Si pueden, entonces les aconsejo que aumenten un poco su riesgo. Pero deben hacerlo, porque si suspenden el trading lo harán en el peor momento posible, cuando las cosas vayan mal, y no habrán basado su decisión en un análisis racional, sino en un mal estado emocional.

CAPÍTULO 5

Uso del tamaño de la posición para lograr tus objetivos financieros

El tamaño de la posición es la palanca más poderosa para administrar el riesgo y lograr tus objetivos en el comercio.

Calculamos el tamaño de posicionamiento correcto teniendo en cuenta los objetivos financieros del trader y, como he explicado, cada trader es diferente. Cada operador tiene una tolerancia al riesgo y un objetivo de ganancias diferentes. Algunos son conservadores, otros pueden manejar reducciones más grandes, etc.

Cada sistema tiene un motor de compra y venta: un conjunto de reglas que creas tú. Sin embargo, a través del tamaño de la posición podemos cambiar completamente los rendimientos. Por ejemplo, si tenemos una estrategia de tamaño de posición de bajo riesgo, la tasa de crecimiento será mucho más baja, pero también lo será el retroceso.

Si alguien quiere ser mucho más agresivo y apuntar a la luna, puede hacerlo con una estrategia de tamaño de posición diferente y utilizar las mismas decisiones de compra y venta, sólo que con un tamaño diferente.

Aquí puedes ver dos resultados completamente distintos basados en una estrategia de tamaño de posición diferente, aunque las decisiones de compra y venta fueron exactamente las mismas.

	Balance final	% CAGR	Equidad total máxima DD	MAR
Tamaño muy conservador	3,166,436.78	15.11%	25.30%	0.6
Tamaño agresivo	72,555,715.52	30.77%	56.10%	0.55

TABLA 8. Efecto del tamaño de la posición en los resultados.

Después de explicar cómo dimensionamos nuestras posiciones, te mostraré más ejemplos. Entendamos primero el tamaño de la posición.

Si dimensionas tus posiciones incorrectamente para tus propios objetivos y tolerancia al riesgo, al principio no notarás que lo has hecho, siempre y cuando estés ganando dinero. Sólo cuando empieces a perder dinero te darás cuenta de tu error.

Por ejemplo, supongamos que compras una posición a 30 $ y de la noche a la mañana baja a 15 $. Has perdido el 50 % de tu posición. Tus reglas de tamaño de posición para la asignación de capital determinan cuánto de tu capital total has perdido. Un tamaño de posición demasiado agresivo puede hacer que te duela el estómago. Si el tamaño de tu posición de esa acción en particular era el 10 % de tu cuenta, sólo has perdido el 5 % de tu capital total. Si era el 5 %, has perdido el 2,5 %.

Si antes no has pensado cuidadosamente en ese escenario, ahora te enfrentas a un retroceso más grande de lo que puedes soportar. De repente, te sientes muy incómodo. Esa incomodidad hace que te resulte más difícil operar con tu sistema de manera coherente. Puede que empieces a dudar de tus operaciones porque piensas que las reglas de compra-venta son incorrectas y entonces entra en acción el miedo. Pero el problema que genera tu miedo no son las reglas de compra-venta, es que el tamaño de su posición era incorrecto y la has expuesto a más riesgos de los que estabas dispuesto a asumir.

La mayoría de los traders, cuando piensan esto correctamente, establecen tamaños de posición más conservadores. Aceptan una CAGR más baja a cambio de un retroceso previsto más cómodo.

Enfoques de dimensionamiento de posiciones

Para cada sistema, buscamos volatilidad en el pasado, pero también nos aseguramos de que somos conscientes de que la volatilidad futura puede ser, y muy probablemente será, diferente, por lo que dimensionamos de dos maneras:

- Tamaño porcentual: Asignas un porcentaje del capital total a una operación determinada. Esto es más simple: por ejemplo, si estás operando con un máximo de diez posiciones, asigna el 10 % de tu capital a cada posición. Aunque es más simple, no se considera el riesgo o la volatilidad. Para eso necesitamos el porcentaje de riesgo.

- Porcentaje de riesgo: Arriesgas un porcentaje predeterminado de capital por operación. Si cierras una operación en la que pierdes todo el monto que arriesgas, pierdes un porcentaje del capital total. Mira al pasado para definir el algoritmo para el dimensionamiento real incorporando la volatilidad en el cálculo. Puedes definir el riesgo con más cuidado. El riesgo se basa en el precio de entrada menos el precio de la *stop-loss*. Cuando se active la *stop-loss*, perderemos exactamente lo que arriesgamos (aunque el retroceso y las brechas pueden hacer que pierdas más).

De esta manera, tratas la volatilidad de cada acción individualmente y puedes arriesgar la misma cantidad de dinero en diferentes acciones. Arriesgas la misma cantidad por acción variando el tamaño de la posición; tu posición en acciones de baja volatilidad puede ser mayor que el tamaño de las acciones de alta volatilidad.

Me gusta combinar tanto el porcentaje de riesgo como el porcentaje de tamaño. Con el porcentaje de riesgo, potencialmente podemos tomar posiciones mucho más grandes en una acción de baja volatilidad que con el tamaño porcentual. Sin embargo, siempre existe la posibilidad de un impacto en el precio, como que las acciones a 30 $ que compramos abrieran a 15 $ al día siguiente.

Aquí hay un ejemplo de cómo funciona un cálculo de tamaño de riesgo porcentual. Supongamos lo siguiente:

- Precio de las acciones: 30 $.
- Rango verdadero promedio: 2 $.
- *Stop-loss:* 2 rango verdadero promedio.
- Si entramos a 30, entonces el precio de la *stop-loss* será: 30 $ – (2 x 2 $) = 26 $.
- Porcentaje de riesgo por operación: 2 %.

Esto significa que cada posición arriesga el 2 % de nuestro capital. El cálculo de esto es el siguiente:

- Equidad: 100 000 $.
- Riesgo por operación: 2 %.
- Riesgo de dólar por posición: 2 % x 100 000 $ = 2000 $.

Recuerda, nuestro riesgo se calcula por la diferencia entre el precio de entrada y el precio de la *stop-loss*. Si la entrada es de 30 $ y nuestra *stop-loss* es de 26 $, entonces tenemos un riesgo en dólares por acción de 4 $. Así es como calculamos nuestra posición deseada:

- Riesgo total en dólares/riesgo en dólares por acción = tamaño de la posición.
- En nuestro ejemplo, 2000 $/ 4 $ = 500 acciones.

Utilizamos este tipo de tamaño de posición para que sepamos exactamente qué porcentaje de nuestro capital podemos perder en cada posición. Sin embargo, aún no hemos definido el tamaño total de nuestra posición, sólo nuestro riesgo por operación. En el ejemplo anterior, entramos a la acción en 30 $, y nuestra *stop-loss* estaba fijada a 26 $, pero existe la posibilidad de que un evento que aparece en las noticias durante la noche haga que la acción abra, digamos, a 24 $. Si sucede eso, nuestra parada es irrelevante, y sufriremos una gran pérdida por el precio de apertura a 24 $. Por lo tanto, también debemos limitar nuestro tamaño máximo hasta un punto en el que nuestro riesgo nos resulte cómodo incluso si perdemos más de lo que planeamos con nuestra *stop-loss*.

Cuando sólo utilizamos el porcentaje de riesgo, definimos el tamaño de nuestra posición en función de la volatilidad pasada. Por supuesto, es bueno basar nuestro dimensionamiento en la volatilidad; sin embargo, nos fundamentamos en el pasado y no sabemos si el futuro será igual. Ése es el inconveniente de este método.

Recuerda también que, en tiempos de baja volatilidad, la *stop-loss* se establece en función de la volatilidad. Cuanto menor sea la volatilidad, menor será el tamaño de la *stop-loss,* y cuanto menor sea el tamaño de la *stop-loss,* mayor será la posición total, lo que puede dar como resultado una posición demasiado grande en comparación con toda tu cartera.

Para combatir estos dos problemas y mantener un riesgo aceptable, limitamos el tamaño total de la posición a un porcentaje fijo del capital total. Ya hemos decidido que no tomaríamos una posición superior al 10 % del capital total. En este ejemplo, hemos calculado vía porcentaje de riesgo que podríamos comprar 500 acciones:

- 500 acciones x 30 $ = 15 000 $, o 15 % de nuestro capital.

Limitamos esta posición demasiado grande superponiendo un cálculo de tamaño porcentual. Esto adapta la posición al 10 % de nuestro patrimonio. La fórmula es:

- Equidad total x porcentaje máximo de equidad por posición = equidad por posición.
- Entonces, capital por posición/precio de la acción = número de acciones en la posición.

De este modo, el tamaño final para nuestra operación es:

- 100 000 $ x 10 % = 10 00 $, luego 10 000 $/30 $ = 333 acciones.

En todos los sistemas que describo en este libro, establezco un máximo de diez posiciones por sistema para que podamos tener un máximo del 100 % asignado por sistema. He aquí por qué: imagina que el sistema me dice que compre diez acciones un día, pero sólo tres de esas órdenes son completadas. Luego imagina que al día siguiente ves otras diez configuraciones. Si no has establecido tus parámetros para limitar tus posiciones a un total de diez, y todas tus nuevas órdenes se completan, ahora tienes trece posiciones en tu sistema. Esto puede continuar, causando serios problemas de margen.

El tamaño de la posición es increíblemente importante. Es una manera de definir tus objetivos, y también de gestionar tu riesgo. Debes pensar en ello antes de comenzar a operar. Debes pensar en cuánto estás dispuesto a arriesgar. Un trader puede tener una gran estrategia, ponerse en marcha y la cuenta comenzar a perder más dinero de lo que esperaba o para lo que estaba preparado. A partir de ese momento ya no se opera de manera racional.

Un tamaño de posición demasiado agresivo puede hacer que las personas juzguen sus sistemas en función de cuánto dinero pierden, en lugar de si son conceptualmente sólidos y válidos.

El dimensionamiento de la posición puede dar forma a tus objetivos, pero si no has sido claro acerca de tus objetivos, el dimensionamiento incorrecto realmente puede perjudicarte. Puedes construir grandes sistemas y aun así arruinar tu cuenta porque no estás preparado emocionalmente para los retrocesos que permite el tamaño de tu posición.

En uno de nuestros sistemas de seguimiento de tendencias, impulso alto en largo, utilizamos el tamaño de posición estándar que usamos para todos los sistemas, es decir, 2 % de riesgo y un tamaño máximo de 10 % del capital total. Puedes ver cómo varían los resultados cuando cambiamos estos algoritmos:

Porcentaje de riesgo de la equidad total	Tamaño porcentual máximo de la equidad total	Balance final	% CAGR	Equidad total máxima DD	MAR
0.50 %	10 %	756,115.79	8.59 %	15.10 %	0.57
0.75 %	10 %	1,698,642.16	12.23 %	19.70 %	0.62
1.00 %	10 %	3,166,436.78	15.11 %	25.30 %	0.6
1.25 %	10 %	5,053,661.46	17.32 %	30.50 %	0.57
1.50 %	10 %	7,542,769.29	19.25 %	34.90 %	0.55
1.75 %	10 %	10,868,072.73	21.04 %	38.70 %	0.54
2.00 %	10 %	14,660,643.97	22.52 %	42.10 %	0.53
2.25 %	10 %	18,440,243.45	23.67 %	45.20 %	0.52
2.50 %	10 %	21,718,577.33	24.50 %	48.20 %	0.51
2.75 %	10 %	24,585,004.33	25.13 %	51.10 %	0.49
3.00 %	10 %	25,823,065.57	25.38 %	53.60 %	0.47

Porcentaje de riesgo de la equidad total	Tamaño porcentual máximo de la equidad total	Balance final	% CAGR	Equidad total máxima DD	MAR
0.50%	15%	757,457.29	8.60%	15.10%	0.57
0.75%	15%	1,716,187.58	12.27%	19.70%	0.62
1.00%	15%	3,544,090.87	15.64%	25.40%	0.62
1.25%	15%	6,528,640.11	18.55%	30.60%	0.61
1.50%	15%	10,944,375.72	21.07%	35.40%	0.6
1.75%	15%	16,402,708.10	23.08%	39.90%	0.58
2.00%	15%	23,600,768.76	24.92%	43.90%	0.57
2.25%	15%	32,420,452.68	26.55%	47.40%	0.56
2.50%	15%	43,766,772.63	28.10%	50.50%	0.56
2.75%	15%	57,703,878.22	29.55%	53.50%	0.55
3.00%	15%	72,555,715.52	30.77%	56.10%	0.55

TABLA 9. Efecto del riesgo porcentual variable y el tamaño porcentual máximo en los resultados.

Con exactamente las mismas decisiones de compra y venta, las mismas operaciones, vemos diferencias tales como una CAGR más baja de 8,59% con un retroceso máximo de sólo el 15,10% o la alternativa muy agresiva (que muchas veces operará con margen) con un 30,77% CAGR y un retroceso máximo del 56,10%.

CAPÍTULO 6

Los 12 ingredientes de todo sistema de trading

No importa cuál sea el sistema, debe contener los siguientes ingredientes:

1. Tus objetivos
2. Tus creencias
3. El universo de trading
4. Los filtros
5. La configuración
6. El *ranking*
7. La entrada
8. La *stop-loss*
9. La reentrada
10. La protección de ganancias
11. La toma de ganancias
12. El tamaño de la posición

Exploremos cada uno de ellos.

1) Objetivos

El primer ingrediente de todo sistema de trading son los objetivos, que he analizado en el capítulo 4. Te animo a que pienses profundamente en ellos y escribas los tuyos.

2) Creencias

Sólo podemos operar con un sistema si creemos que generará dinero, por lo que necesitamos una creencia esencial en ese sistema. ¿Cuáles son los procesos de pensamiento detrás del motor de compra y venta que realmente tienen sentido conceptual? Un ejemplo de una creencia podría ser que creo que quiero entrar en una acción cuando claramente tiene una tendencia alcista, estableceré una *stop-loss* dinámica y me mantendré en esa posición hasta que la tendencia cambie. Ésa es una creencia sobre la acción del precio. Un trader de fundamentos como Warren Buffett puede comprar las mismas acciones, pero su creencia se basa en su expectativa de que las acciones subirán debido a su interpretación de los fundamentos de esa empresa en particular; por ejemplo, cree que el equipo de gestión es excepcionalmente hábil, o ve ganancias crecientes a medida que la empresa se expande a nuevos mercados. Nosotros, por otro lado, operamos con la acción del precio, que no presta atención a fundamentos como ésos; a veces ni siquiera sé qué compañía está representada por el símbolo con el que estoy operando.

CREENCIAS ↔ *BACKTESTING*

Recuerda que tus creencias (y los otros once ingredientes) son como algoritmos que pruebas. Tendrás evidencia estadística de que tus creencias significan una ventaja, al menos en el pasado. Si no encuentras una ventaja en tus operaciones, revisa tus resultados y refina tus creencias y tus sistemas. Las creencias y los resultados del *backtesting* evolucionan juntos.

Otra creencia es que si veo una acción que realmente ha sido golpeada en el corto plazo, digamos en los últimos cuatro días, puedo creer que existe una probabilidad estadística superior al promedio de que se recuperará y regresará a su media. Puedo jugar exactamente con la creencia opuesta en el lado corto: si veo que una acción ha subido en los últimos días y parece sobrecomprada, puedo venderla en corto con la creencia de que también volverá a su media. Nuevamente, éstas son creencias basadas en la acción del precio, no en los fundamentos. Puedo convertir estas creencias en reglas específicas de compra y venta para crear mi motor de compra y venta.

3) Universo de trading

¿Qué vas a negociar? Puedes operar con los componentes de un índice, por ejemplo, o con un paquete de acciones, o ETF, etc. Diferentes instrumentos tienen diferentes pros y contras.

Cuando estés pensando en tu universo de trading, primero debes considerar tu sistema. Por ejemplo, algunas personas pueden tener la creencia de que les gusta operar a largo plazo en el S&P 500 porque creen que las mejores empresas están incluidas allí y las peores empresas se eliminan del índice. El índice encarna un sesgo continuo de supervivencia que debería ayudarles. Por otro lado, si operamos con un sistema de reversión a la media de frecuencia más alta en el que necesitamos muchas operaciones a corto plazo para lograr una buena CAGR, lo más probable es que el S&P 500 no ofrezca suficientes acciones con las que trabajar. En ese caso, necesitaremos un universo más grande de acciones.

O si tuviéramos una cuenta pequeña y quisiéramos estar en el próximo Google, Netflix o Microsoft, antes de que los grandes traders institucionales se involucrasen, necesitaríamos un universo de trading enorme, probablemente las 7000 acciones cotizadas en Estados Unidos, en lugar de un índice en particular.

Respondemos a la pregunta del universo de trading respondiendo a la pregunta: «¿En qué tipo de acciones quiero estar?».

4) Filtros

Los filtros ayudan a refinar y responder exactamente a esa pregunta. Si operamos en todo el S&P 500, o en todas las acciones cotizadas, las configuraciones vendrían en grandes múltiplos porque el mercado está bastante correlacionado.

Necesitamos tener una forma de filtrar las acciones que no nos interesan. El primer filtro lógico es la liquidez. ¿Qué tipo de volumen tiene la acción?

Los traders de las grandes instituciones utilizan filtros que garantizan el cumplimiento de sus propios estándares. Por ejemplo, es posible que no se les permita negociar una acción con un volumen diario de menos de un millón de acciones, porque esas acciones pueden no tener suficiente liquidez para el tamaño de las operaciones que la institución necesita realizar, o la operación de la institución puede mover el mercado, borrando su ventaja.

Las personas con cuentas pequeñas, y por pequeñas me refiero a menos de 5 millones de dólares, pueden tener una gran ventaja porque operan por debajo del radar de los traders institucionales. Si estás operando con una cuenta de 50 000 $, definitivamente puedes elegir *stocks* que operan unos cuantos cientos de miles de participaciones por día y encontrar una gran ventaja.

Los filtros de liquidez analizan el volumen promedio de acciones y el volumen promedio en dólares. Otro filtro útil es el precio. Una vez más, los traders institucionales tienen reglas. A menudo, no pueden operar con una acción con un precio inferior a 10 $. Estas acciones tienden a ser más volátiles y, muchas veces, vemos un comportamiento más irracional y más jugadores operan con ellas, lo que puede darnos una ventaja en las operaciones a corto plazo.

También puedes considerar el precio máximo. Si tienes una cuenta pequeña, probablemente no desees negociar *stocks* que cuestan 600 $ o 700 $ por acción, porque es más difícil obtener el tamaño correcto de su posición.

La volatilidad es otro filtro importante. Necesitamos volatilidad; si sólo operamos con acciones que apenas se mueven, no podemos ganar dinero. La volatilidad es nuestra amiga porque podemos dimensionar nuestra posición para estar dentro de nuestra zona de confort, pero podemos ganar dinero. Opero acciones que son increíblemente volátiles, pero el tamaño relativo de la posición no es tan grande, por lo que no me preocupa. Una acción que tiene un precio de 1 $ se comporta de manera muy diferente a una acción con un precio de 30 $. Tengo que dimensionar mi posición para permitir eso, de modo que pueda capturar la volatilidad.

5) Configuración

Aquí es donde medimos la acción del precio del *stock* para definir en qué acciones queremos entrar. Utilizamos reglas cuantificadas a través de indicadores técnicos que miden la acción del precio.

Seleccionas indicadores técnicos y los utilizas para convertir tu creencia en un algoritmo simple. Por ejemplo, si queremos comprar acciones en una tendencia alcista, entonces podemos medir el mercado mediante un promedio móvil simple. Si el cierre está por encima de esa media móvil, el mercado tiene una tendencia alcista. Ésa es una creencia simple convertida en una tendencia alcista simple. Otra: si queremos comprar acciones que se han sobrevendido a corto plazo, podemos establecer una regla simple que seleccione acciones que hayan caído un 12,5 % en los últimos tres días (eso ni siquiera es un indicador, sólo utiliza la acción del precio sin procesar).

Hay muchos indicadores técnicos. Entiende que no hay indicadores mágicos. No existen. Mucha gente en la industria de la educación de trading quiere que creas que necesitas su indicador mágico. Ése no es el caso, porque lo único que mide cualquier indicador es la acción del precio pasado de una acción. Eso es todo lo que hace. No predice el futuro. Lo único de lo que puedes estar seguro con respecto al futuro es que será diferente. En el mejor de los casos, da una indicación del futuro.

Las configuraciones cuantifican qué tipos de características del historial de precios queremos ver en las acciones que negociaremos. Ahora tenemos una lista de acciones que son buenas candidatas.

6) Ranking

Es muy posible que tengas más configuraciones en las que deseas tomar posiciones. Ahí es donde entra en juego el paso increíblemente importante del *ranking*.

El *ranking* es cómo priorizamos con qué acciones operar cuando tenemos más configuraciones de las que nuestro número máximo de posiciones nos permite operar.

Digamos que estamos operando con un sistema de seguimiento de tendencias en el S&P 500 y es un gran mercado alcista. Debido a que el mercado puede estar correlacionado muchas veces, muchas acciones se establecerán como candidatas. En numerosas ocasiones he visto situaciones en las que mido una tendencia en el S&P 500 y encuentro 100 o 150 acciones candidatas para comprar. Si el tamaño de tu posición te dice que sólo puedes comprar 10 acciones, debes averiguar con cuál de esas 150 operarás.

Puedes clasificar las acciones por:

- Volatilidad
- Tendencia más fuerte
- Más sobrecomprada
- Más sobrevendida

Como sólo estás negociando diez acciones, el *ranking* es una parte muy importante de tu sistema. Si eliges las acciones más volátiles, o las acciones más sobrecompradas, o las acciones más sobrevendidas, obtendrás clasificaciones muy diferentes. Esto te lleva de vuelta a tus creencias. Si estás operando con un sistema de seguimiento de tendencias, por ejemplo, tus creencias sobre qué acciones tendrán un buen rendimiento en esa tendencia darán forma a la manera en la que filtras.

7) Entrada

¿Quieres una entrada garantizada, entrar en un *stock* sin importar el precio? Entonces establece una regla de entrada para comprar en el mercado abierto. Puedes tener un pequeño descenso con este enfoque (el precio que obtienes puede no ser el precio que esperabas), pero si la operación va a ser de larga duración y quieres asegurarte que estarás en ella, eso no es un problema.

Para los sistemas a corto plazo, me gusta entrar con una orden límite, que especifica el precio que pagaré. Podría establecer un límite de 20 $ y la acción abrir a 20,15 $. El pedido no se completará. Eso está bien, porque con operaciones a corto plazo que tienen márgenes de ganancia más pequeños, necesito buenos pedidos o erosiono mi ventaja. No puedo permitirme un montón de retroceso. (Cuando realices una prueba retrospectiva, asegúrate de incorporar una estimación de bajada conservadora en las órdenes de mercado, o tus resultados se verán mejor que en el trading en vivo).

Si quiero asegurarme de que una acción se está moviendo en la dirección correcta antes de comprar, puedo mirar el precio de 20 $ de la acción y poner una *stop-loss* en 20,15 $, combinada con una orden de mercado. Si la acción sube lo suficiente como para que el precio cruce 20,15 $, mi orden se ejecuta al precio de mercado.

8) Stop-loss

La *stop-loss* es el precio al que salimos si la operación va en nuestra contra y queremos proteger nuestro capital. Es clave conocer siempre tu punto de salida antes de entrar a una operación para que siempre sepas cuál es tu pérdida máxima. La operación no está funcionando, así que salimos y buscamos otra oportunidad. Como has visto, necesitamos las *stop-loss* para definir nuestro riesgo. Si tienes un límite de pérdida del 10 % en una acción que termina cayendo un 30 %, te sentirás muy bien por haber salido cuando lo hiciste.

¿Qué pasa si no utilizas *stop-loss*?

Algunos traders argumentarán que los resultados probados de los sistemas son mejores si no se utilizan *stop-loss*. Si bien eso puede ser cierto en el papel, te expones a la ruina. No tienes manera de proteger tu capital. Psicológicamente, ¿es eso lo que quieres, incluso si existe la posibilidad de obtener mayores ganancias? Aunque se vea mejor en los resultados de las pruebas retrospectivas, debemos comprender que el futuro será diferente y que lo que no sucedió en el pasado podría suceder en el futuro.

Al establecer una *stop-loss,* es esencial establecerla fuera del ruido de trading. Todos los días, una acción experimenta una cierta cantidad de ruido de trading a medida que sube y baja dentro de un rango limitado. Si colocas tu *stop-loss* demasiado cerca de tu precio de entrada, la operación puede ser detenida por un cambio relativamente menor en el precio que en realidad no representaba un movimiento significativo. Demasiadas veces, los traders establecen sus *stop-loss* demasiado cerca, se detienen en una recesión menor y luego observan cómo la acción sube significativamente sin ellos.

9) Reentrada

¿Cuál es tu plan si te quedas fuera de una acción con pérdidas, o sales con tu objetivo de ganancias preestablecido, y al día siguiente el sistema te dice que vuelvas a entrar en la acción? Esto puede ser un poco desafiante psicológicamente, pero a través de pruebas retrospectivas he visto en mis sistemas que debo operar. Lo que sucedió ayer no tiene relación con lo que sucederá hoy, así que si mi sistema me dice que es una buena operación, la acepto.

Todos los sistemas de este libro están configurados para reentrar.

10) Protección de ganancias

La protección de ganancias asegura que capturaremos al menos parte de nuestras ganancias, mientras mantenemos la puerta abierta para que una acción suba. En un sistema de seguimiento de tendencia en largo, una *stop-loss* dinámica sigue el aumento del precio de tus acciones y es una forma de protección de las ganancias. Una vez que se dobla una tendencia a largo plazo, devuelves parte de la ganancia (porque la *stop-loss* está fuera del ruido) y, finalmente, te detienes. Esto funciona tanto si sigues una tendencia en largo como en corto.

Como he señalado, debes estar dispuesto a dejar suficiente espacio en tu *stop-loss.* En un sistema de seguimiento de tendencias, es común tener un tope dinámico del 15% al 25% del precio más alto. Si no lo haces así, puedes perderte una gran acción ganadora que tiene una carrera prolongada, pero tiene retrocesos del 10 o el 15% durante esa carrera. (Ten en cuenta que la *stop-loss* dinámica puede ser un tope separado del que estableciste cuando entraste por primera vez a la operación).

Los sistemas de reversión a la media no tienen un mecanismo de protección de ganancias porque tú sales de la operación en sólo unos pocos días, ya sea alcanzando un objetivo de ganancias, una salida basada en el tiempo o siendo detenido por tu *stop-loss.*

11) Toma de ganancias

Esto es algo para utilizar en sistemas de reversión a la media a corto plazo; estableces un objetivo de ganancia donde saldrás. Digamos que entras a 20 $ y estableces un objetivo de ganancia del 5%. Cuando llegas a 21 $, estás fuera. Combino esto con una parada de tiempo, es decir, salgo independientemente de lo que haya hecho esa acción en un cierto número de días, a menudo tres o cuatro. La acción volverá rápidamente a la media y obtendré una ganancia, o me detendré con una *stop-loss,* o se me agotará el tiempo y buscaré otra oportunidad. En las operaciones a corto plazo, deseas entrar, obtener ganancias o no, y salir. Lo que cuenta aquí es una gran frecuencia de trading y las paradas de tiempo ayudan con eso.

Siempre que tengas una ventaja consistente y significativa de que obtener ganancias es más rentable que aleatorio, y tu operación ganadora promedio sea mejor que tu operación perdedora promedio, entonces tienes un muy buen sistema.

12) Tamaño de la posición

Si no leíste el capítulo 5, ahora es el momento, porque el tamaño de la posición es fundamental para lograr tus objetivos de riesgo y rentabilidad. Es el último de los doce ingredientes clave en todo sistema de trading.

En los siete sistemas de trading que describo en los siguientes capítulos, tres de estos ingredientes permanecen iguales: universo de trading, reentrada y tamaño de posición. Lo hago para que sea más fácil comparar el rendimiento de los distintos sistemas.

CAPÍTULO 7

Aumento de la rentabilidad ajustada al riesgo mediante la combinación de múltiples sistemas no correlacionados

Sistemas 1,2 y 3

Comenzamos una evaluación de la fortaleza de múltiples sistemas no correlacionados con nuestro punto de referencia: el rendimiento del S&P 500. Como recordatorio, aquí está nuevamente.

2 de enero de 1995 - 24 de julio de 2019	SPY
CAGR	8.02%
Retroceso máximo	56.47%
Retroceso más largo	86,1 meses
Volatilidad anualizada	18.67%
Sharpe	0.43
MAR	0.14
Rentabilidad total	**562.51%**

TABLA 2. Rendimiento del S&P 500, 1995-2019.

Como puedes ver, una estrategia de comprar y mantenerse en el SPY de hecho genera dinero. Desde enero de 1995 hasta julio de 2019, tuvo una CAGR del 8 %. Sin embargo, el precio que habrías tenido que pagar para alcanzar esa tasa de crecimiento era un retroceso máximo del 56 %. En otras palabras, durante ese lapso de tiempo habrías perdido, sobre el papel, más de la mitad de tu dinero. Además, estuviste en retroceso durante ochenta y seis meses, eso es más de siete años.

Incluso nuestros sistemas de mejor rendimiento pasan mucho tiempo en retroceso, es decir, por debajo de sus máximos más altos. Ningún trader va directamente de un nivel alto a otro indefinidamente. Sin embargo, el S&P 500 estuvo a la baja el 93 % del tiempo. Así que ése es nuestro punto de referencia.

Considerémoslo por un momento. ¿A quién le gustaría estar en retroceso durante siete años? La gente se olvida de eso. He mencionado este punto antes, pero lo haré de nuevo, porque si realmente puedes comprenderlo, tienes una ventaja real como trader. En general, la gente tiene un increíble sesgo de actualidad. La mayoría de las personas se olvidan que sólo el retroceso de 2008 tardó seis años en recuperarse, y sólo pueden recordar los últimos años, y es increíblemente importante que recuerdes lo que sucede cuando el mercado realmente cae, como durante el período posterior a las puntocoms. Si invertiste sólo en el NASDAQ en ese momento, no perdiste la mitad de tu dinero, ¡perdiste las tres cuartas partes de tu dinero! El NASDAQ bajó un 74 %. Incluso si estuvieras en el S&P 500, la verdad es que si compraste y te mantuviste en lo más alto en el año 2000, no ganaste dinero durante trece años. Volviste brevemente a donde empezaste en 2008 y luego volviste a caer.

Trece años de retroceso antes de que hubiera crecimiento de nuevo. ¿Quién puede manejar eso? Si utilizaste un asesor de inversiones, todavía fue peor, porque le pagaste los honorarios. Y sólo por diversión, durante ese tiempo perdiste la mitad de tu dinero, ¡dos veces! Eso es mucho dolor para un rendimiento anual promedio del 8 %.

Recuerda esta historia. La gente tiende a querer recordar sólo los buenos tiempos. La carrera desde 2009 ha sido excelente. Recuerda esta historia, y tendrás la mentalidad correcta para construir sistemas para lo que sea que traiga el futuro.

¿Podemos hacerlo mejor?

En este capítulo, te presentaré los primeros tres de los siete sistemas no correlacionados que describo en este libro (son posibles muchos más), te mostraré cómo funcionan individualmente y comenzaré a mostrarte cómo funcionan juntos.

Revisaré los ingredientes de cada uno de los sistemas y te mostraré los resultados de las pruebas retrospectivas.

Al igual que con los sistemas anteriores que he comentado, mantengo constante el tamaño de la posición para simplificar la comparación del rendimiento entre sistemas.

Un tamaño de posición más agresivo puede aumentar los rendimientos, pero también aumenta los riesgos. Y, como antes, limitamos nuestras posiciones máximas en un sistema en cualquier momento a diez y la asignación máxima de capital por posición al 10 %, por lo que no tenemos problemas de margen.

Sistema 1: Impulso alto en tendencia en largo

- **Objetivos:**
  - Operar con acciones de tendencia que tienen un gran impulso. Esto te lleva a las de altos vuelos, las acciones populares, cuando el mercado tiene una tendencia alcista. Sólo queremos operar cuando el sentimiento del mercado está a nuestro favor y estamos en acciones muy líquidas. Me gusta mucho el volumen para las posiciones a largo plazo, porque el volumen puede disminuir con el tiempo y quieres tener un colchón para poder salir siempre con buena liquidez.
  - En este sistema quiero que la tendencia de la bolsa sea alcista de una manera muy sencilla. Nada sofisticado. Además, me gusta clasificar este sistema con las acciones más volátiles primero.
  - Y quiero una entrada garantizada: no me preocupa demasiado el retroceso porque ésta es una posición en largo y, de todos modos, he calculado algunas bajadas en mis *backtests*. Quiero permanecer en la acción durante un largo viaje hacia arriba, por lo que tendré una *stop-loss* dinámica amplia.
- **Creencias:** Las pruebas históricas han demostrado que comprar acciones de gran impulso tiene una ventaja constante cuando se compran en una tendencia alcista y luego se coloca una *stop-loss* dinámica para obtener ganancias.
- **Universo de trading:** Todas las acciones listadas en NYSE, NASDAQ y AMEX.
- **Filtro:**
  - Volumen promedio diario en dólares superior a 50 millones durante los últimos veinte días.
  - Precio mínimo 5,00 $. No me gusta operar con acciones que tienen un precio por debajo de 5,00 $ porque creo que pueden ser demasiado volátiles, pero sí creo que tengo una ventaja al operar con acciones por debajo de 10 $, porque las instituciones generalmente no están involucradas.
- **Configuración:**
  - El cierre del SPY está por encima de la media móvil simple (SMA) de 100 días. Esto indica una tendencia en el índice general.
  - El cierre de la media móvil simple de 25 días está por encima del cierre de la media móvil simple de 50 días.

- *Ranking:* En caso de que tengamos más configuraciones de las que permite nuestro tamaño de posición, clasificamos según la tasa de cambio más alta en los últimos 200 días de trading. Esto significa el aumento de precio porcentual más alto en los últimos 200 días de trading. Esto significa que operaremos con acciones que definitivamente están en los monitores de la CNBC. Nos unimos a la multitud con la expectativa de que las cosas sigan subiendo.
- **Entrada:** Orden de mercado al día siguiente en apertura. No me preocupa el deslizamiento en una operación larga, y definitivamente quiero participar.
- *Stop-loss:* El día después de entrar a la operación, coloca una *stop-loss* por debajo del precio de ejecución de cinco veces el rango verdadero promedio (ATR) de los últimos veinte días. Eso definitivamente te mantendrá fuera del ruido diario y le dará espacio al trading para desarrollarse.
- **Reentrada:** Si te detuviste, reentra al día siguiente si se aplican nuevamente todas las condiciones de entrada.
- **Protección de ganancias:** Un tope dinámico del 25 %. Esto se suma a la *stop-loss* inicial. Eventualmente, a medida que sube la acción, el tope dinámico se moverá por encima del precio de *stop-loss*.
- **Recogida de beneficios:** Sin objetivo de beneficios; el objetivo es llegar tan alto como sea posible.
- **Tamaño de posición:** 2 % de riesgo y 10 % de tamaño porcentual máximo, con un máximo de diez posiciones.

2 de enero de 1995 - 24 de julio de 2019	Sistema de trading
% CAGR	22.52 %
Retroceso máximo	42.14 %
Volatilidad anualizada	22.70 %
Sharpe	0.99
MAR	0.53
% de ganancias	45.66 %
Ganancias/pérdidas	3.24
Promedio de días en trading	213.02
Rentabilidad total	14,560.64 %

TABLA 10. Resultados para impulso alto en tendencia en largo.

Con una tasa de crecimiento anual compuesta del 22,52%, puedes ver que este sistema por sí sólo es casi tres veces mejor que el 8% SPY CAGR. Sin embargo, el retroceso máximo es del 42%, que es mejor que el S&P 500, pero sigue siendo demasiado alto. Vemos una tasa de ganancia del 45%, en el rango normal para los sistemas de seguimiento de tendencias a largo plazo, que generalmente ganan menos del 50% de las veces. La relación ganancias/pérdidas te muestra cómo gana dinero el sistema; la operación ganadora promedio ganó 3,24 veces más dinero que lo que perdió la operación perdedora promedio. La fuerza del sistema radica en eliminar las perdedoras y dejar correr las ganadoras, y puedes ver que operamos durante un promedio de 213 días. Es un número alto, lo que indica que éste es un sistema con una rotación baja. En general, cuanto mayor sea este número, para un sistema STL, mejor, ya que indica que nos quedamos con los ganadores durante más tiempo.

La volatilidad histórica (22,7% frente al 18% del S&P) indica que éste sería un viaje más volátil. Incluyo los números de Sharpe y MAR porque a muchos operadores les gusta utilizarlos y son una abreviatura rápida para comparar sistemas.

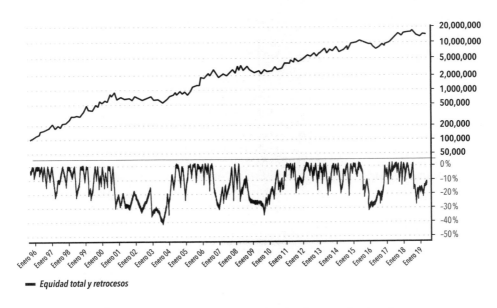

— **Equidad total y retrocesos**

GRÁFICA 15. Curva de equidad para impulso alto en tendencia en largo.

En nuestro sistema hipotético comenzamos con 100 000 $ en enero de 1995 y así es como se desarrolla la equidad con el tiempo. Este tipo de rendimiento es típico para el seguimiento de tendencias. Obtenemos reducciones en mercados bajistas y laterales. Es imposible ganar dinero y empezamos a perder algo. Además, en momentos en los que el índice S&P está por debajo del promedio móvil simple de 100 días, no obtenemos configuraciones y, por lo tanto, no obtenemos nuevas operaciones. Así, estamos al margen y sabemos que pasará mucho tiempo antes de que ese retroceso se recupere. Cuando no hay tendencias, no hay configuraciones, y éste es uno de los mayores inconvenientes de los sistemas de seguimiento de tendencias, pero también es exactamente donde está la ventaja. Sólo operamos en largo cuando las probabilidades están más a nuestro favor para estos sistemas.

Este sistema puede parecer muy bueno en el papel, con una buena tasa de crecimiento anual compuesta, pero en el trading en vivo puede ser difícil de operar. Alguien podría mirar el gráfico y decirse a sí mismo: «Podría manejar ese retroceso del 42 % para obtener una tasa de crecimiento anual compuesta del 22,5 %». Digamos que esa persona comenzó a operar en marzo de 2000, exactamente cuando ocurrió el retroceso. Tendría que soportar un retroceso de cinco años. La mayoría de la gente no puede hacer frente a esa angustia. Entonces, por sí sólo es un sistema que es muy superior al S&P 500 o al fondo de Warren Buffett, pero es sólo el comienzo de aquello con lo que vamos a terminar cuando lo combinemos con otros sistemas no correlacionados.

Sistema 2: Impulso en RSI en corto

- **Objetivo:** Acciones en corto para cubrirse cuando los mercados bajan. Cuando las posiciones en largo comienzan a perder dinero, este sistema debería compensar esas pérdidas. Éste es el complemento perfecto para un sistema STL, para capturar esos movimientos descendentes.
- **Creencias:** Siempre hay un momento en el que hay tanta codicia en ciertas acciones que, cuando las vendes en corto, la probabilidad estadística de que puedas volver a comprarlas unos días más tarde a un precio más bajo es mayor que el azar, por lo que hay una ventaja muy consistente.
- **Universo de trading:** Todas las acciones cotizadas en NYSE, NASDAQ y AMEX. Queremos tantas oportunidades como sea posible para encontrar acciones que se ajusten a nuestros criterios. Debido a que este sistema se construye a partir de operaciones a muy corto plazo con pequeñas ganancias, necesitamos completar muchas operaciones en un año. Cuantas más operaciones, mayor será la CAGR.
- **Filtro:**
  - Precio mínimo de 5,00 $. Las acciones a centavos no me atraen, porque pueden subir y bajar violentamente, especialmente durante la noche.
  - Volumen promedio en dólares durante los últimos veinte días superior a 25 millones de dólares. Necesitamos volumen suficiente para generar la liqui-

dez necesaria para que podamos vender en corto la acción. Sin un volumen suficiente, tu corredor podría denegar una solicitud de venta en corto.

– El porcentaje de rango real promedio durante los últimos diez días es del 3 % o más del precio de cierre de la acción. Este filtro identifica acciones que tienen suficiente volatilidad para que el sistema funcione. Medir el ATR como un porcentaje del precio de cierre trata todas las acciones de la misma manera en términos de evaluar su volatilidad.

- **Configuración:**
  – El RSI de tres días está por encima de noventa. Esto muestra mucha demanda e impulso para las acciones, otra forma de decir «mucha codicia».
  – En los dos últimos días el cierre fue superior al del día anterior. Cada día, las acciones cierran al alza, lo que me da la oportunidad de ir en contra de la mentalidad de rebaño de personas que se acumulan en las acciones.

- *Ranking:* ADX de siete días más alto. El ADX nos ayuda a seleccionar acciones que se mueven mucho, y muchas veces un ADX muy alto es una buena indicación de un cambio de tendencia.

- **Entrada:** Al día siguiente, vendemos al descubierto un 4 % por encima del precio de cierre anterior. Es un precio límite, para garantizar que no tengamos un deslizamiento negativo, que podría erosionar nuestra ventaja. Además, vender en corto un 4 % por encima del cierre anterior nos da una ventaja adicional, capturando más codicia intradía.

- *Stop-loss:* Al día siguiente de colocar la orden, colocamos una parada de compra de tres veces el ATR de los últimos diez días por encima del precio de ejecución. Ésta es una *stop-loss* grande, pero es la clave para la reversión a la media. Si las acciones siguen subiendo, nos detendremos y volveremos a comprar las acciones que acortamos a tres veces el ATR. He visto a muchos traders, incluso traders profesionales, poner un límite de pérdida demasiado pequeño porque son codiciosos y no quieren perder tanto. Eso puede destruir la ventaja. Operamos con acciones que están muy a favor del mercado, y no podemos esperar que en el momento en que las vendamos en corto comiencen a retroceder hacia su media. Es posible que sigan aumentando. Necesitamos mucho espacio para permitir que las acciones lleguen a ese punto de agotamiento y que comience una liquidación. El *backtesting* muestra que este sistema funciona mejor sin ninguna *stop-loss,* pero no me gusta operar con un sistema en el que no puedo gestionar el riesgo. En teoría, este sistema puede moverse infinitamente contra nosotros.

- **Reentrada:** Si la *stop-loss* nos para, reentramos al día siguiente si todas las condiciones de entrada se aplican nuevamente.

- **Protección de ganancias:** Ninguna. Sin una *stop-loss* dinámica porque es una operación a muy corto plazo.

- **Toma de ganancias:**
  - Si al precio de cierre la ganancia en la posición es del 4 % o más, salimos del mercado al día siguiente al cierre.
  - También tenemos una salida basada en el tiempo: si después de dos días la operación no ha alcanzado su objetivo de ganancias, colocamos una orden de mercado al cierre para el día siguiente. El objetivo es obtener una ganancia rápida o salir de la posición. Mantenernos en la posición puede ir en nuestra contra. En cambio, salgamos y busquemos otro candidato.
- **Tamaño de posición:** 2 % de riesgo y 10 % de tamaño, un máximo de diez posiciones.

2 de enero de 1995 - 24 de julio de 2019	Sistema de trading
% CAGR	18.14 %
Retroceso máximo	24.66 %
Volatilidad anualizada	11.50 %
Sharpe	1.58
MAR	0.74
% de ganancias	5.84 %
Ganancias/pérdidas	0.98
Correlación de rendimiento diario con el punto de referencia	-0.28
Rentabilidad total	**5,897.58 %**

TABLA 11. Resultados del impulso en RSI en corto.

Éste es un muy buen sistema por sí solo. Tiene una CAGR del 18 % y un retroceso máximo del 24,66 %. La tasa de ganancia es de casi el 58 % y la relación de ganancias/pérdidas es cercana a 1,00, lo cual es habitual para este tipo de sistemas. Los sistemas de reversión a la media ganan dinero porque tienen más ganancias que pérdidas. La estadística más importante aquí es la correlación de rendimiento diario con el punto de referencia, que es negativa. Esto es exactamente lo que queremos; significa que ganas dinero cuando el mercado está bajando. Ése es el rendimiento que estamos buscando, porque lo combinaremos con un sistema que genera dinero a medida que el mercado sube (impulso alto en tendencia en largo).

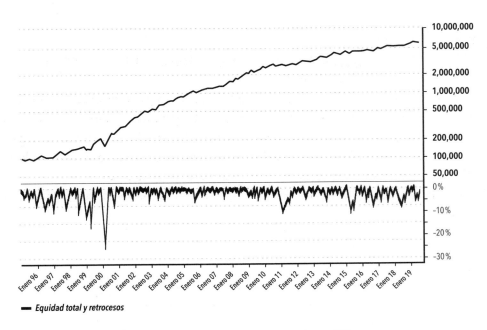

— *Equidad total y retrocesos*

GRÁFICO 16. Curva de acciones para impulso en RSI en corto.

Ahora hemos desarrollado un sistema en largo y otro en corto y los resultados son los siguientes:

Sistema de trading	% CAGR	DD máx.	MAR	Sharpe
Impulso alto en tendencia en largo	22.52	42.14 %	0.53	0.99
Impulso en RSI en corto	18.14	24.66 %	0.74	1.58

TABLA 12. Rendimiento de sistemas individuales.

En el gráfico anterior, he resumido el rendimiento del sistema 1: Impulso alto en tendencia en largo y el sistema 2: Impulso en RSI en corto. Ahora imaginemos que intercambiamos estos sistemas simultáneamente, por lo que estamos 100 % en largo y 100 % en corto. Eso significaría que operamos con ventaja, pero está bien porque los sistemas en largo cubren los sistemas en corto. Cuando estamos 100 % en largo y el mercado ha subido, las posiciones en largo generalmente generarán dinero, las posiciones en corto perderán un poco. Si operamos 100 % en largo y 100 % en corto, la exposición neta será cercana a cero, porque tienden a equilibrarse entre sí. Muchas veces no estamos 100 % expuestos en ninguno de los dos lados. En un nivel máximo de inversión, estaríamos 100 % en largo y en corto juntos, pero podríamos estar algo más como 70 % en largo y 30 % en corto. Hacemos un mejor uso de la equidad cuando utilizamos más equidad para cada sistema, y dado que ambos sistemas apuntan en una dirección diferente, básicamente están inversamente correlacionados.

Ambos sistemas tienen una clara ventaja. Pero ahora veamos cómo se combinarían cuando operamos simultáneamente, lo que significa que operamos al mismo tiempo 100 % en largo y 100 % en corto:

Sistema de trading	% CAGR	DD máx.	MAR	Sharpe
Combinado en largo y en corto, ambos 100 %	43.54	31.5 %	1.38	2.11

TABLA 13. Rendimiento de sistemas combinados.

Aquí puedes comenzar a ver el poder del trading de múltiples sistemas no correlacionados. Con casi un 43 %, la CAGR mejora sustancialmente en comparación con cualquiera de los sistemas individuales. El retroceso máximo ahora es del 31 %, el MAR es un saludable 1,38 y el retroceso más largo es de 16,5 meses.

2 de enero de 1995 - 24 de julio de 2019	Sistema de trading	SPY
% CAGR	43.54 %	8.02 %
Retroceso máximo	31.54 %	56.47 %
Retroceso más largo	16,5 meses	86 meses
Volatilidad anualizada	20.67 %	18.67 %
Sharpe	2.11	0.43
MAR	1.38	0.14
Rentabilidad total	714,804.60 %	562.51 %

TABLA 14. Resultados combinados de impulso alto en tendencia en largo e impulso en RSI en corto.

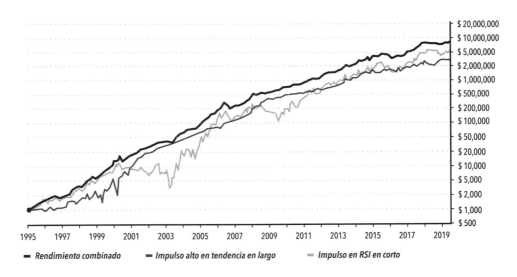

GRÁFICO 17. Curva de resultados combinados de rendimientos de impulso alto en tendencia en largo 100 % e impulso en RSI en corto 100 %.

Al comparar nuestros sistemas combinados con el índice de referencia S&P 500, observamos un rendimiento sustancialmente mejor en todas las medidas, excepto en la volatilidad, que es ligeramente superior. Los sistemas no correlacionados combinados son, por supuesto, la mayor ventaja que podemos tener en el trading.

En términos más simples, un sistema gana dinero cuando el otro no, y esos resultados combinados producen un rendimiento superior en comparación con el punto de referencia. Puedes ver en estos gráficos que la curva de equidad comienza a suavizarse, y un viaje más suave es un mejor viaje.

%	ENE	FEB	MAR	ABR	MAYO	JUN	JUL	AGO	SEP	OCT	NOV	DIC	ANUAL	SPY	COMPARACIÓN
1995	01.17	4.01	9.88	0.90	5.73	6.84	6.21	15.08	16.44	-4.90	-0.87	-0.51	**74.19**	35.16	**39.03**
1996	4.40	7.87	3.62	2.91	-0.38	-4.66	-8.51	2.33	7.06	3.51	4.87	-3.02	**20.35**	20.31	**0.04**
1997	5.93	-0.97	3.03	15.34	8.50	8.11	7.16	0.69	8.03	-12.86	3.04	6.18	**62.52**	31.39	**31.14**
1998	6.82	11.08	9.19	9.59	-0.13	14.04	4.11	-12.34	7.93	-1.04	9.50	6.31	**83.50**	27.04	**56.46**
1999	8.61	0.78	11.52	11.09	6.26	4.74	-0.35	5.96	2.73	11.49	15.27	16.72	**145.55**	19.11	**126.44**
2000	-16.07	12.45	-2.83	-5.51	5.81	6.90	4.48	5.30	3.93	-0.58	2.73	4.77	**19.93**	-10.68	**30.61**
2001	1.79	6.22	3.95	6.39	9.00	3.65	-1.35	3.29	-0.14	4.13	0.66	4.03	**49.86**	-12.87	**62.73**
2002	6.70	3.48	-0.35	9.16	3.91	0.35	-3.70	3.56	1.30	-1.72	5.37	-3.59	**26.32**	-22.81	**49.13**
2003	-7.63	4.97	3.06	2.92	8.31	13.58	5.19	7.99	9.97	9.66	0.50	1.11	**76.11**	26.12	**49.98**
2004	12.60	-0.16	-1.61	-1.06	3.23	7.77	-8.40	2.81	10.80	6.00	15.79	9.94	**71.40**	8.94	**62.46**
2005	0.37	10.54	7.33	-6.89	11.53	8.70	11.08	2.25	4.55	4.00	13.86	2.61	**93.96**	3.01	**90.95**
2006	8.80	-7.49	16.72	-0.54	11.46	-7.91	-5.67	-9.36	0.52	7.93	7.91	1.46	**21.78**	13.74	**8.04**
2007	6.03	-1.53	-2.08	5.48	9.31	6.92	0.79	0.90	11.84	14.73	-3.72	13.81	**80.25**	3.24	**77.00**
2008	-10.02	5.60	1.27	1.82	2.34	6.17	1.86	-4.83	-1.94	1.42	2.30	4.75	**9.98**	-38.28	**48.26**

%	ENE	FEB	MAR	ABR	MAYO	JUN	JUL	AGO	SEP	OCT	NOV	DIC	ANUAL	SPY	COMPARACIÓN
2009	-0.33	0.10	0.00	3.49	-0.16	-1.13	2.82	6.12	6.92	-0.23	6.11	0.23	**26.13**	23.49	2.64
2010	-2.36	5.66	4.22	7.10	-2.36	0.28	0.69	-3.37	12.03	5.66	3.29	-1.60	**32.01**	12.84	19.17
2011	0.19	3.08	10.38	-1.66	4.83	3.22	4.70	-7.10	-1.44	6.21	1.26	0.04	**25.12**	-0.20	25.32
2012	7.88	4.91	8.87	6.07	4.15	-2.59	0.89	3.03	1.48	-2.49	1.06	3.36	**42.45**	13.47	28.97
2013	11.33	0.03	8.07	1.79	11.22	-6.54	3.77	-0.36	12.85	-2.78	5.69	-0.58	**51.78**	26.69	22.09
2014	0.15	13.47	-1.44	3.00	1.70	5.76	2.43	10.96	-7.38	-0.37	9.62	3.99	**48.69**	11.29	37.40
2015	2.14	-1.40	2.24	-6.66	9.50	5.03	3.44	-5.66	-6.24	1.81	6.12	-6.83	**1.81**	-0.81	2.62
2016	-9.86	-3.45	0.77	-3.33	4.54	12.48	1.96	-1.90	-0.46	-1.43	10.95	11.72	**21.27**	9.64	11.63
2017	0.27	0.77	3.00	-0.85	9.94	-2.19	8.97	5.43	8.46	9.32	0.29	-2.28	**48.12**	19.38	28.63
2018	12.27	-2.52	-2.62	-3.37	6.12	-2.77	1.15	4.36	4.93	-9.99	-3.45	-5.01	**-2.82**	-6.35	3.53
2019	5.64	4.85	7.98	-3.85	-6.65	6.46	6.68						**21.91**	20.61	1.30

TABLA 15. Resultados mensuales combinados, impulso alto en tendencia en largo e impulso en RSI en corto.

Este gráfico muestra el rendimiento mes a mes. Cuando observas los rendimientos anualizados, pueden parecer muy atractivos: casi todos los años muestran rendimientos de dos dígitos altos, incluso 145 % un año, y sólo un año inferior: 2018, –2,82 %. Pero también puedes ver muchos meses inactivos, meses en los que el sistema combinado perdió dos dígitos. Por ejemplo, desde junio hasta agosto de 2006, el sistema perdió el 30 % de su valor. La mayoría de las personas que pasan por eso dirían: «No me siento cómodo con estas cifras, abandono». Si bien este gráfico de rendimiento muestra buenos resultados año tras año, también es un viaje bastante salvaje. Lo que tenemos aquí es bueno, pero podemos hacerlo mejor reduciendo la volatilidad y aumentando el rendimiento ajustado al riesgo.

El retroceso de la volatilidad general de un sistema, el aumento de la rentabilidad ajustada al riesgo (medido por MAR o Sharpe, por ejemplo) y el aumento de la solidez se consiguen añadiendo más sistemas no correlacionados.

Sistema 3: Venta masiva en reversión a la media en largo

- **Objetivos:** Es un sistema de reversión a la media en largo que está construido para capturar la mayoría de los retrocesos en una tendencia alcista. Nos gusta comprar acciones en tendencia alcista, porque eso da una ventaja. Pero si esperamos un retroceso, cuando se sobrevendan, entonces la ventaja en largo se vuelve aún mayor. Ten en cuenta que si bien es un sistema en largo, es conceptualmente diferente del sistema de impulso alto en tendencia en largo. Aunque ambos sistemas operan en largo, uno mantiene acciones durante un promedio de más de 200 días, mientras que éste opera sólo durante unos pocos días, hasta que las acciones vuelven a su valor medio. También es diferente del sistema de impulso en RSI en corto, porque cuenta con acciones sobrevendidas que suben, no que bajan. Cuando nuestros sistemas son conceptualmente diferentes, se aprovechan de las diferentes condiciones del mercado y no están estrechamente correlacionados. Éste, por cierto, es un sistema de reversión a la media que puedes negociar en cuentas IRA, ya que es un sistema en largo.

- **Creencias:** Las pruebas históricas nos muestran que si compramos una acción que está dominada por el miedo y esperamos hasta que suba, definitivamente tenemos una ventaja. Va en contra de la naturaleza humana comprar una acción que de repente desciende en aparente caída libre, pero las pruebas retrospectivas muestran que hay una ventaja significativa al hacerlo. Mi trading en vivo ha demostrado que este concepto ha tenido mucho éxito durante los últimos trece años.

- **Universo de trading:** Todas las acciones cotizadas en NYSE, NASDAQ y AMEX. Al igual que con nuestros otros dos sistemas, queremos un gran universo de trading para tener tantas oportunidades como sea posible. Necesitaremos muchas operaciones, ya que cada operación está diseñada para obtener una ganancia pequeña y rápida.

- **Filtro:**
  - Precio mínimo de 1,00 $.
  - Volumen medio de los últimos cincuenta días de 1 millón de acciones.
  - El rango real promedio durante los últimos diez días es del 5 % o más. Esto nos lleva a acciones volátiles, que necesitamos para que este sistema funcione.

- **Configuración:**
  - El cierre está por encima de la media móvil simple de 150 días.
  - La acción ha caído un 12,5 % o más en los últimos tres días. Esta configuración mide un movimiento a la baja significativo en una acción con tendencia alcista. A menudo verás este tipo de comportamiento cuando ocurra algún tipo de evento noticioso, como un informe de ganancias negativo. Luego, en unos pocos días, los traders se dan cuenta de que en realidad es una buena acción con la que operar y vuelven a comprarla, respaldándola de nuevo.

- *Ranking:* Acciones con mayor caída en los últimos tres días.

- **Entrada:** Orden limitada del 7 % por debajo del precio de cierre anterior. Esto es importante, porque estamos buscando acciones que están siendo castigadas en el trading intradía. Estamos comprando en el filo de la cuchilla. Los traders sin experiencia quieren salir, pero los traders experimentados quieren meterse en una situación como ésta.

- *Stop-loss:* 2,5 veces el ATR de los últimos diez días por debajo del precio de ejecución. Esto nos da mucho espacio. No podemos esperar que compremos una acción un 7 % más baja e inmediatamente la acción suba y ganemos dinero. Queremos tener espacio para que la acción toque fondo y comience a recuperarse, pero también queremos limitar nuestro riesgo.

- **Reentrada:** Sí.
- **Protección de ganancias:** Ninguna.
- **Toma de ganancias:** Si la ganancia es del 4 % o más basándose en el precio de cierre, sal del mercado al día siguiente en el cierre. Si después de tres días la acción no ha alcanzado el objetivo de ganancias ni ha sido detenida, colocamos una orden de mercado para vender al cierre del día siguiente.
- **Tamaño de la posición:** 2 % de riesgo y 10 % de tamaño porcentual máximo.

2 de enero de 1995 - 24 de julio de 2019	Sistema de trading
% CAGR	13.88 %
Retroceso máximo	13.83 %
Retroceso más largo	43 meses
Volatilidad anualizada	10.36 %
Sharpe	1.34
MAR	1.00
% de ganancias	63.04 %
Ganancias/pérdidas	0.88
Rentabilidad total	**2,334.14 %**

TABLA 16. Resultados de la venta masiva de reversión a la media en largo.

La tasa de ganancias estuvo cerca del 63 %, con una duración de trading corta y un retroceso pequeño. La CAGR está cerca del doble del índice de referencia, con casi la mitad de la volatilidad.

Puedes ver que incluso en los mercados bajistas no hubo muchos problemas. Incluso en un mercado bajista, hay movimientos ascendentes violentos provocados, por ejemplo, por la contracción de acciones individuales, y eso es lo que el sistema está buscando.

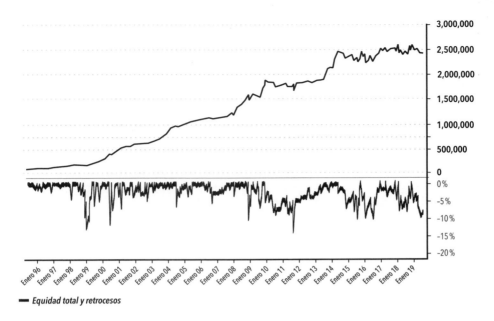

- ■ Equidad total y retrocesos

GRÁFICO 18. Curva de equidad para la venta masiva de reversión a la media larga.

Ahora combinamos los tres sistemas, negociando el 50 % de reversión a la media en largo, el 50 % de seguimiento de tendencias a largo plazo y el 100 % de reversión a la media en corto. Vemos un mayor rendimiento en todos los números. El rendimiento ajustado al riesgo aumenta, el porcentaje de días en retroceso cae y el tamaño del retroceso disminuye. Esto es lo que buscamos al combinar múltiples sistemas no correlacionados.

2 de enero de 1995 - 24 de julio de 2019	Sistema de trading	SPY
% CAGR	39.59 %	8.02 %
Retroceso máximo	19.33 %	56.47 %
Retroceso más largo	15,9 meses	86 meses
Volatilidad anualizada	15.11 %	18.67 %
Sharpe	2.62	0.43
MAR	2.05	0.14
Rentabilidad total	**360,664.19 %**	**562.51 %**

TABLA 17. Resultados combinados para 50 % de impulso alto en tendencia en largo,
50 % de venta masiva de reversión a la media, 100 % de impulso en RSI en corto.

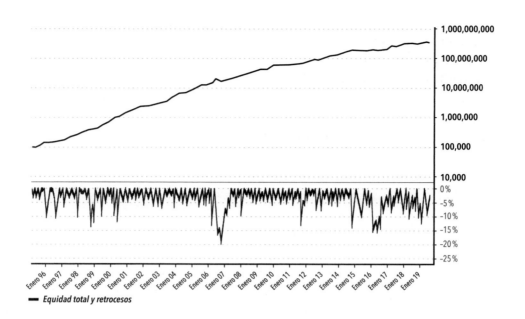

GRÁFICO 19. Curva de acciones para un 50 % de impulso alto en tendencia en largo, 50 % de liquidación de reversión a la media, 100 % de impulso en RSI en corto.

%	ENE	FEB	MAR	ABR	MAYO	JUN	JUL	AGO	SEP	OCT	NOV	DIC	ANUAL	SPY	COMPARACIÓN
1995	-0.26	1.27	7.00	1.01	3.83	4.15	3.94	9.12	11.21	-3.56	-1.80	-0.18	**40.74**	35.16	5.57
1996	3.96	5.76	4.15	1.10	-1.56	-0.16	1.39	1.38	3.73	3.45	2.58	-1.57	**26.73**	20.31	6.42
1997	4.67	1.95	4.34	13.15	4.06	5.70	4.01	-0.32	4.92	-2.79	7.75	6.87	**68.74**	31.39	37.35
1998	4.84	6.62	4.94	6.94	0.60	7.00	1.28	-9.71	7.72	-3.47	5.87	2.53	**39.36**	27.04	12.32
1999	6.98	4.22	8.66	11.92	10.07	4.62	0.35	5.60	5.11	12.75	9.87	6.47	**129.40**	19.11	110.29
2000	-4.16	6.82	5.02	1.45	7.94	4.64	9.22	-0.06	4.52	4.83	6.56	3.90	**63.12**	-10.68	73.80
2001	7.65	6.40	4.60	4.77	6.45	4.05	2.86	4.04	0.47	6.74	0.25	3.55	**65.62**	-12.87	78.49
2002	4.71	2.70	-0.95	7.71	4.42	1.72	3.12	2.87	1.41	-1.52	4.27	2.08	**37.44**	-22.81	60.25
2003	-2.70	6.30	2.35	1.64	3.03	15.95	5.60	4.58	9.69	5.76	4.58	4.16	**79.40**	26.12	53.28
2004	11.15	0.60	-0.56	-0.92	2.67	5.44	-1.83	3.15	6.12	4.15	9.63	7.09	**56.70**	8.94	47.77
2005	0.90	7.16	5.57	-2.56	7.05	6.23	5.56	0.70	3.66	3.39	8.82	1.26	**58.76**	3.01	55.74
2006	4.43	-3.65	14.43	1.55	7.77	-4.26	-2.89	-5.04	0.96	4.26	4.64	1.66	**24.54**	13.74	10.80
2007	4.27	0.25	-0.91	4.02	5.06	4.30	0.65	3.65	5.62	9.52	-0.73	9.10	**54.32**	3.24	51.08
2008	-0.16	4.69	3.75	0.23	1.57	6.46	6.36	-0.70	3.07	0.04	3.96	4.75	**39.37**	-38.28	77.66
2009	0.24	-0.18	-0.33	4.39	2.67	-1.82	-0.80	9.10	9.09	4.38	2.56	-0.82	**31.54**	23.49	8.05
2010	-1.16	4.08	1.24	4.37	-1.50	1.20	-0.39	-1.78	6.31	4.33	1.24	-0.66	**18.24**	12.84	5.40
2011	-1.41	0.67	5.40	-1.12	4.62	1.44	4.78	-5.01	0.29	5.32	0.70	-0.02	**16.19**	-0.20	16.39
2012	4.69	3.43	6.21	4.17	4.45	-1.46	0.36	0.64	1.53	-12.87	1.59	0.84	**27.12**	13.47	13.65
2013	7.81	1.81	4.99	0.59	9.77	-0.60	1.48	2.49	6.78	-1.89	5.30	-0.72	**44.07**	26.69	14.38
2014	3.40	9.23	2.72	5.71	0.53	2.83	2.58	5.57	-6.88	0.03	6.72	3.47	**41.20**	11.29	29.91
2015	2.73	-2.53	0.80	-7.08	7.25	2.79	4.70	-1.24	-2.96	1.59	2.61	-4.42	**3.36**	-0.81	4.18
2016	-8.13	0.63	0.06	-1.90	1.15	9.64	0.62	-1.59	1.34	0.75	6.58	8.91	**18.10**	9.64	8.46
2017	0.72	-0.59	2.39	-0.50	6.31	-0.71	3.92	3.08	7.32	6.43	-1.57	0.86	**30.78**	19.38	11.39
2018	8.03	-2.57	-4.34	-1.86	3.78	-1.27	0.64	3.21	4.98	-2.81	-2.65	-2.97	**1.36**	-6.35	7.70
2019	4.48	2.76	5.75	-4.66	-4.14	3.03	4.49						**11.70**	20.61	-8.92

TABLA 18. Resultados mensuales combinados, impulso alto en tendencia en largo, venta masiva de reversión a la media e impulso en RSI en corto.

96

La curva de equidad es más suave, los retrocesos son menos severos y hay muchos menos meses con reducciones de dos dígitos. La tasa de crecimiento anual compuesta se ha reducido ligeramente al 39,59 %, pero el retroceso máximo se ha reducido del 35 % cuando se combinan dos sistemas al 19,3 % con tres sistemas.

Es fácil mirar esa tasa de crecimiento del 43 % y decir que eso es lo que quieres, pero ¿puedes soportar el retroceso del 35 %? No sirve de nada tratar de cambiar tus sensaciones si no puedes. Si puedes suavizar los retrocesos, haciéndolos cada vez más bajos mientras sólo pagas un pequeño precio en el rendimiento de CAGR, entonces terminarás con un sistema superior con el que es más probable que operes. Una vez que lo hayas hecho, si quieres apuntar a la luna, tienes muchas más posibilidades con el tamaño de la posición de tener un algoritmo que logre tus objetivos.

Es más fácil dimensionar un sistema que tiene un MAR de 3,0 que un MAR de 0,7. Con un MAR más alto, operas con mayor comodidad. Queremos asegurarnos de que no abandones tu sistema. Si tienes un retroceso del 25 % y no puedes manejarlo, abandonas tu sistema en el peor momento. Si tienes un sistema que sólo tiene caídas del 10 %, es probable que te sientas mucho más cómodo operando con él. La constancia es una de las partes más importantes del éxito en el trading.

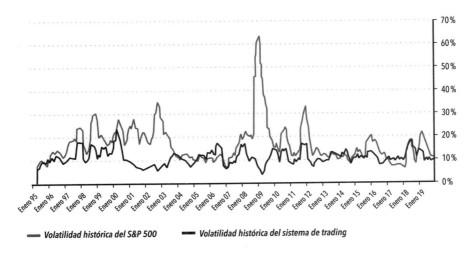

GRÁFICO 20. *Suite* frente a volatilidad de referencia.

Echa también un vistazo a este gráfico donde combinamos la volatilidad histórica del índice de referencia, el S&P 500, versus nuestro sistema, que ahora es una combinación de una tendencia que sigue en largo, una reversión de la media en largo y una reversión de la media en corto. Imagínate estar en aquellos tiempos de gran volatilidad como 2008, sólo operando en largo. Tendrías una volatilidad en tu cartera que en su punto máximo sería seis veces mayor que en este sistema.

Uno de los beneficios clave de combinar sistemas no correlacionados es que reduce la volatilidad, pero aumenta la CAGR y disminuye los retrocesos.

A medida que añadimos sistemas, mejoramos el rendimiento del sistema combinado. El número de sistemas no es la clave del éxito; es el hecho de que no están correlacionados. Si tuvieras que agregar un segundo sistema de seguimiento de tendencias que pierde dinero exactamente al mismo tiempo que con un impulso alto en tendencia en largo, eso no agregaría ningún valor real.

Sin embargo, a veces los sistemas no correlacionados se correlacionan. Si hay una gran venta masiva en el mercado, todos los sistemas en largo se correlacionarán. La mayoría de las veces, por supuesto, no hay una gran liquidación, y podemos encontrar grandes ventajas de no correlación en el riesgo corporativo de las acciones individuales. Y cuando los sistemas en largo, de hecho, se correlacionan estrechamente, tenemos sistemas de venta en corto para compensarlo.

Cada sistema gana dinero en ciertos mercados y pierde dinero en ciertos mercados. Si puedes repartir esos buenos y malos momentos, tu curva de capital se vuelve mucho más suave.

CAPÍTULO 8

Cómo y por qué operar con más sistemas simultáneamente mejora los rendimientos

Hasta ahora hemos explorado cómo la combinación de sistemas de trading con diferentes estilos y diferentes direcciones da como resultado una mayor rentabilidad ajustada al riesgo. La pregunta es, ¿podemos continuar expandiéndonos en eso, o agregar más estilos crea superposiciones y redundancias que no ayudan mucho?

Incluso antes de responder a esa pregunta, consideremos una consulta más fundamental: ¿por qué querríamos agregar más sistemas? Después de todo, los tres sistemas que tenemos implementados nos dan un resultado retrospectivo del 39 % CAGR y un retroceso máximo del 19 %. ¡Ésa es una actuación bastante buena!

Para responder a esta pregunta debemos considerar los siguientes factores:

1. Riesgo corporativo.
2. Incumplimiento temporal de los sistemas (variabilidad de rendimientos de sistemas individuales).
3. Escalabilidad.
4. Menor volatilidad de la curva de equidad variable global.

El *riesgo corporativo* está asociado a un evento corporativo

Esto incluye anuncios de ganancias, una bancarrota, la renuncia o la enfermedad del CEO, cargos de fraude interno o un cambio en la política de dividendos (más altos o más bajos; si estás vendiendo acciones en corto, es probable que un dividendo más alto no te ayude), etc. Eventos como éstos pueden mover una acción de maneras que no se correlacionan con el mercado. Los movimientos pueden ser repentinos y drásticos. Un director ejecutivo puede renunciar una noche después del cierre del trading y al día siguiente las acciones pueden abrir un 10 % más bajas.

Si tenemos una gran posición en la acción, esa sorpresa realmente puede afectar el rendimiento, de manera positiva o negativa, según las noticias y nuestra posición. Entonces, si bien puedes encontrar una ventaja en ello, si de repente suceden varios eventos corporativos, eso afectará a tu cartera de maneras que no habías previsto.

Imagínate que estás operando en largo en una acción que cotiza a 2,70 $. Después del cierre de los mercados, la empresa emite un anuncio de ganancias. Al día siguiente, la acción abre a 0,40 $. Incluso si tienes una *stop-loss* dinámica del 20 %, no importa, la acción se abrió a la baja por encima de tu tope de pérdida. Esa misma situación me pasó a mí. Es una situación que, tarde o temprano, le pasará a todo el mundo. No importa que este escenario no aparezca en tu *backtest*. Te lo prometo: finalmente, sucederá. He operado el tiempo suficiente para decirte que esto es una garantía. Cuando el movimiento es a tu favor, tiendes a no prestarle demasiada atención; de hecho, te sientes tranquilo porque obtuviste una gran ganancia.

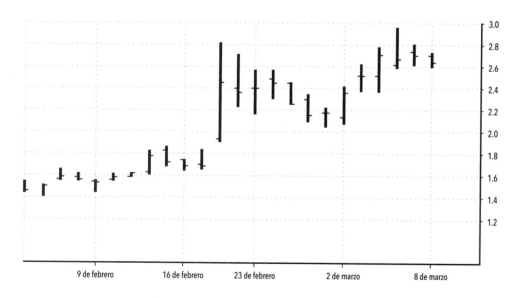

GRÁFICO 21. ANTH 9 de febrero-8 de marzo de 2018.

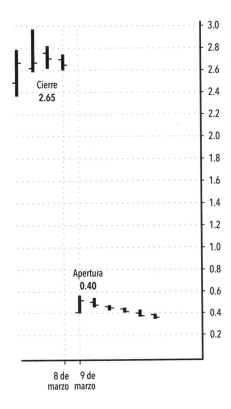

GRÁFICO 22. ANTH 9 de marzo de 2018.

O imagina que operas en corto con una acción biotecnológica que se cotiza a 2,00 $. Fuera de horario, la empresa emite un comunicado de prensa indicando que se ha aprobado una patente. Al día siguiente, la acción abre a 4,00 $. (Este tipo de cosas es común con acciones muy volátiles como las biotecnológicas). Si estás en una posición demasiado grande en el lado equivocado de una operación, eso puede acabar contigo. Tu precio de *stop-loss* no importa; la parada se ejecutará al precio de apertura, pero ha perdido su función protectora.

Comprueba ejemplos de la vida real:

Apertura
15.73

Cierre
9.76

Dic. 2013   Ene. 2014   Feb. 2014

GRÁFICO 23. NBIX – *Gapping Up.*

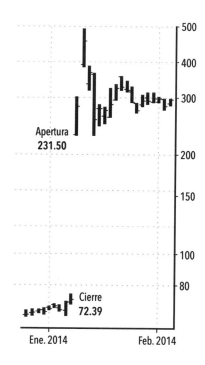

Apertura
231.50

Cierre
72.39

Ene. 2014   Feb. 2014

GRÁFICO 24. ICPT – *Gapping Up.*

En ambos ejemplos, si hubieras estado operando en corto, las pérdidas del día siguiente habrían sido enormes. Cuanto mayor sea tu posición, mayores serán las pérdidas. Por ello, hay que tener cuidado con los eventos corporativos. Pueden moverse a tu favor, en cuyo caso te sentirás como un genio, pero si estás en el lado equivocado y tienes un porcentaje demasiado grande de tu capital asignado a esa acción, puede acabar contigo.

La manera de protegerte del riesgo corporativo es asignar menos dinero a cada posición. Y la forma de hacerlo es tener más sistemas y, por lo tanto, más posiciones para tu equidad. Cuantos más sistemas tengas, menor será el impacto de cualquier evento corporativo en tu equidad. Si operas en un sistema con el 10 % de tu capital en cada posición, el impacto negativo es el doble que si operas en dos sistemas con el 5 % de tu equidad en cada posición. (Esto supone que te aseguras de tomar sólo una posición direccional única en una empresa en todos tus sistemas. Por ejemplo, no deseas tener una posición larga en la misma acción en dos sistemas diferentes, aunque podrías tener una posición larga en un sistema y una posición corta en otro).

El *bajo rendimiento temporal* puede ocurrir y ocurrirá en cualquier sistema

Cada sistema individual se enfrentará a condiciones en las que simplemente no genera dinero (como debería). Eso es parte de la vida y parte del trading, y tienes que saber lidiar con ello. El resultado puede ser una racha de bajo rendimiento más larga de lo esperado. Esto significa que, en ocasiones, el sistema funcionará peor que tu *backtest*. Eso no significa que haya algo malo en ello, es sólo un comportamiento aleatorio. La falta de rendimiento puede ocurrir incluso si tienes una posición en largo en un mercado alcista, pero tienes posiciones en un par de acciones que simplemente tienen un rendimiento inferior. Eso reducirá el rendimiento de todo el sistema.

Echa un vistazo aquí a los rendimientos móviles de uno de los sistemas de seguimiento de tendencias. Los rendimientos móviles son un cálculo simple en el que miramos cada día cuál ha sido el rendimiento neto del sistema durante el período de tiempo elegido.

2 de enero de 1995 - 24 de julio de 2019	Sistema de trading
% CAGR	22.52 %
Retorno máximo de 12 meses	142.75 %
Retorno mínimo de 12 meses	-28.56 %

TABLA 19. Rendimientos móviles de 12 meses, sistema de seguimiento de tendencias.

Aunque vemos que la CAGR es del 22,52 % en los últimos veinticuatro años, estos resultados no son iguales todos los años. Ha habido un período de doce meses en el que el rendimiento fue superior al 124 %, pero también hubo un momento en el que el rendimiento durante doce meses fue del −28 %.

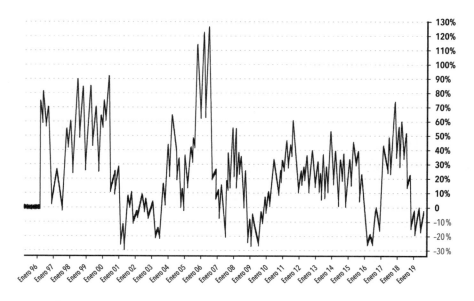

GRÁFICO 25. Rendimientos móviles de 12 meses, sistema de seguimiento de tendencias.

Como se ilustra claramente en este gráfico, hay momentos en los que el sistema crea una gran riqueza y otros en los que no.

Si puedes crear diferentes sistemas con diferentes lógicas de entrada, *ranking* y salida para tener sistemas totalmente no correlacionados, entonces esta variabilidad de resultados ocurrirá en diferentes momentos y, por lo tanto, cuando se combinen, crearán una curva de equidad más suave con menor volatilidad. Las reducciones no serán tan profundas y el rendimiento ajustado al riesgo será mayor.

Es posible que ahora te digas a ti mismo: «Espera un momento, si corto mi parte inferior por la mitad, ¿no corto también mi parte superior por la mitad?». ¡Ésta es la magia de los múltiples sistemas no correlacionados! Debido a que diferentes sistemas ganan dinero en diferentes momentos, y cada sistema está diseñado para tener una ventaja estadística mejor que el promedio, obtienes un mayor rendimiento al tener más sistemas en funcionamiento. Reduces el arrastre a la baja de los resultados al tiempo que agregas efectos ascendentes a tu CAGR, lo que produce una curva de equidad más suave.

La combinación de más y más sistemas no correlacionados también reduce la volatilidad general de la cartera, incluso cuando aumenta el rendimiento ajustado al riesgo. Los sistemas adicionales suavizan la curva de equidad al disminuir el efecto (positivo o negativo) de cualquier sistema individual, al mismo tiempo que agregan más ventajas de trading que se acumulan en el lado positivo del libro mayor de rendimiento. Con un rendimiento ajustado al riesgo más alto, podemos ser más agresivos con el tamaño de la posición para lograr nuestros objetivos.

Recuerda, cuando operamos con múltiples sistemas en diferentes direcciones, la dirección del mercado se vuelve irrelevante. Podemos obtener ganancias en todos los tipos de mercado si hemos construido suficientes sistemas para anticiparnos a todos los tipos de mercado. Si operas con un sistema en largo y no funciona por alguna razón aleatoria (por ejemplo, tienes acciones que no funcionaron tan bien como esperabas), se pierde la gran carrera. Si operas con cinco sistemas en largo en un mercado alcista y uno de ellos no está funcionando, ese sistema no va a marcar una gran diferencia en tu cartera. Y, por supuesto, si operas en largo y en corto al mismo tiempo, obtendrás valor sin importar en qué dirección se mueva el mercado, lo cual es increíblemente importante para tu estado mental.

Escalabilidad

Otro beneficio de operar con múltiples sistemas surge cuando construyes una cuenta considerable. Si sólo operas con algunos sistemas, es posible que tus posiciones se vuelvan tan grandes en términos de dólares que no puedas operar con ellas; es posible que muevas el mercado lo suficiente como para erosionar tu ventaja. Ésta es la razón por la cual los fondos más grandes no pueden negociar acciones con volúmenes más pequeños.

Además, dado que estamos operando en corto, sólo hay una cierta cantidad de acciones disponibles para vender en corto. Si nuestras posiciones son demasiado grandes, el corredor no tendrá suficientes acciones disponibles.

De nuevo, podemos resolverlo intercambiando diferentes acciones en múltiples sistemas y, por lo tanto, asignando menos dinero a cada acción, lo cual es clave para escalar los sistemas.

Menor volatilidad de la curva de equidad

Con cuantos más sistemas no correlacionados operemos simultáneamente, menor será la volatilidad de los rendimientos y más suave será la curva de equidad. El siguiente gráfico lo ilustra perfectamente:

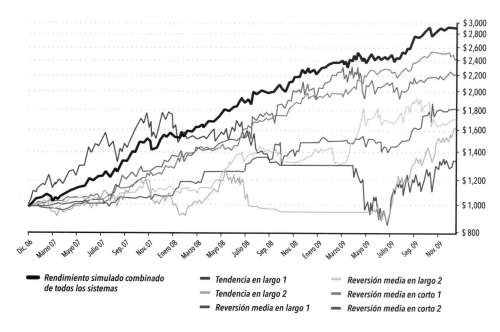

GRÁFICO 26. Curva de equidad por sistema.

Compara la curva de equidad de los sistemas individuales con el rendimiento de la *suite* como un todo. Observa cuánto menos volátil es el rendimiento general. En el gráfico anterior, la línea negra representa la equidad combinada de los sistemas. Puedes ver que algunos de los sistemas en largo se estancaron durante el período 2008-2009, sin embargo, el sistema en general continuó ganando dinero porque los sistemas en corto se activaron. Una vez más, observa cuánto menos volátil es la *suite* en su conjunto.

CAPÍTULO 9

Expansión del número de sistemas no correlacionados

Sistemas 4, 5 y 6

En este capítulo, te mostraré cómo incorporar tres sistemas más que la mayoría de las veces no se correlacionan con los tres que ya hemos discutido. Cuantos más sistemas no correlacionados tengas (y la no correlación es la clave), más constantes serán sus rendimientos, independientemente del comportamiento del mercado.

Cómo expandir tu número de sistemas

Incorporamos sistemas no correlacionados adicionales mediante la creación de nuevos sistemas de trading que emplean diferentes criterios de entrada, clasificaciones y salidas.

Ya sabes que hay dos posiciones direccionales que podemos tomar en un mercado, en largo y en corto, y utilizamos dos enfoques, reversión a la media y seguimiento de tendencias. Eso puede parecer limitante, pero los mercados estadounidenses tienen un universo negociable de aproximadamente 7000 acciones con las que operar. (La cantidad exacta depende un poco de tu requisito de liquidez de una acción). Esto nos da la oportunidad de crear muchos sistemas diferentes para entrar a diferentes acciones en el momento adecuado para ganar dinero mediante la creación de diferentes reglas de compra y venta.

Digamos que queremos construir más sistemas sin caer en la trampa de que repliquen el rendimiento de los demás. ¿Cómo podemos hacerlo?

Tomemos como ejemplo un sistema de seguimiento de tendencias. El primer parámetro que podemos ajustar es la entrada. ¿En qué tipo de acciones queremos estar? En el primer sistema de seguimiento de tendencias a largo plazo que describí anteriormente en este libro, impulso alto en tendencia en largo, especificamos que queríamos filtrar a favor de acciones altamente volátiles. Para un sistema conceptualmente diferente, podemos filtrar a favor de *stocks* de baja volatilidad, que se comportarán de manera diferente. Tendremos diferentes candidatos para operar, y los resultados serán diferentes. Eso solo ya es una gran diferencia.

También podemos dividir el mercado según el volumen y el precio. Si creas un sistema para operar con acciones que tienen un precio inferior a 10 $, te enfrentarás a operadores en el mercado muy diferentes y observarás comportamientos muy distintos que si operas con acciones más caras. Lo mismo es cierto para las acciones de bajo y alto volumen y, como ya he mencionado, para las acciones más y menos volátiles.

Sabiendo que en este ejemplo estamos operando con acciones de alto impulso, ahora utilizamos filtros de tendencia simples. Una manera de buscar diferentes acciones es utilizar retrospectivas de diferentes duraciones. Podemos buscar acciones que estén por encima de la media móvil simple de 50 días, de 100 días o de 200 días. Estos indicadores muestran tendencias alcistas a corto, medio y largo plazo.

Luego podemos combinarlos con filtros que analizan los retrocesos; por ejemplo, un RSI de tres días por debajo de diez muestra un fuerte retroceso, por debajo de treinta un retroceso medio, por debajo de cincuenta un retroceso débil. Estos retrocesos nuevamente nos dan una mayor oportunidad de estar en acciones diferentes que un sistema sin retroceso.

Incluso empleando estas variables como filtros, aún podríamos llegar a las mismas acciones. A continuación nos centramos en el *ranking*, que es una parte muy importante de un sistema. Podemos clasificar las acciones por volatilidad histórica más alta o más baja; la mayoría sobrecompradas o sobrevendidas; y la tendencia más fuerte versus la más débil. Es casi seguro que entrarás en diferentes acciones utilizando diferentes *rankings*.

Una última herramienta para asegurarte de que los sistemas sean diferentes son las salidas. Sin embargo, el mercado puede hacer que los sistemas se correlacionen, por lo que queremos estar seguros de que tenemos diferentes sistemas de salida.

A veces, cuando el mercado cae, algunos sistemas se detienen, pero otros no, y luego el mercado se recupera de nuevo. Puedes establecer diferentes tamaños y tipos de objetivos de ganancias (rango verdadero promedio o rendimiento porcentual, por ejemplo). También puedes tener *stop-loss* finales de diferentes tamaños.

Finalmente, para un sistema de reversión a la media, puedes variar los límites de días en trading para que no haya dos sistemas que salgan de la misma manera.

Con tantas variables con las que trabajar, puedes ver cómo construir fácilmente múltiples sistemas de negociación que funcionan juntos de manera acumulativa, pero que generalmente no se correlacionan de manera negativa. Hacerlo suavizará la curva de equidad y reducirá el riesgo. Echemos un vistazo a los siguientes tres sistemas:

Sistema 4: Baja volatilidad en tendencia en largo

- **Objetivo:** El sistema 1, impulso alto en tendencia en largo, era un sistema de alta volatilidad. Conceptualmente, no deseas replicar un sistema existente, por lo que la baja volatilidad es el diferenciador aquí. Ya tenemos un sistema que sigue las acciones de alta volatilidad, por lo que buscaremos acciones con menor volatilidad y una regla de entrada diferente. Seguimos las tendencias, pero en realidad tendremos una baja correlación con el sistema STL de alta volatilidad.
- **Creencias:** Implícita en este sistema está la creencia de que se puede ganar mucho dinero con acciones de baja volatilidad. Suelen estar en manos de instituciones y representan a empresas más grandes y sólidas. En general, estas empresas tienen una forma más consistente de administrar las pérdidas y las ganancias. Sus eventos de noticias tienden a ser menos drásticos y todo tiende a funcionar relativamente bien. Creemos que existe una oportunidad para un avance más constante y fluido con estas acciones.
- **Universo de trading:** Todas las acciones en NASDAQ, NYSE y AMEX.
- **Filtro:**
  - Volumen promedio diario en dólares superior a 100 millones de dólares durante los últimos cincuenta días.
  - *Ranking* de volatilidad histórica entre 10 % y 40 %, lo que nos coloca en el rango más bajo de esa métrica.
- **Configuración:**
  - El cierre del S&P 500 está por encima del promedio móvil simple de 200 días. Esto significa que el índice está en una tendencia alcista.
  - El cierre de la bolsa está por encima del promedio móvil simple de 200 días.
- ***Ranking:*** RSI de cuatro días más bajo, lo que significa clasificar las acciones que están más sobrevendidas. Ésta es otra distinción de nuestro primer sistema de seguimiento de tendencias, en el que clasificamos según la tasa de cambio más alta. Aquí estamos buscando las más sobrevendidas.
- **Entrada:** Mercado en abierto. Queremos estar seguros de entrar en el trading independientemente de la bajada.
- ***Stop-loss:*** El día posterior a la ejecución colocamos una *stop-loss* de una vez y media el rango verdadero promedio (ATR) de los últimos cuarenta días por debajo del precio de ejecución. Es una *stop-loss* bastante pequeña. Lo que estamos haciendo es arriesgar una pequeña cantidad y obtener un gran rendimiento asimétrico cuando una acción se mueve a nuestro favor.
- **Reentrada:** Sí
- **Protección de ganancias:** También colocamos un tope dinámico del 20 %. Esto nos permite proteger las ganancias a medida que las acciones siguen subiendo.

- **Toma de ganancias:** Ninguna. Dejamos correr a las acciones de seguimiento de tendencias ganadoras.
- **Tamaño de la posición:** 2 % de riesgo y 10 % de tamaño porcentual máximo.

2 de enero de 1995 - 24 de julio de 2019	Sistema de trading
% CAGR	13.37 %
Retroceso máximo	21.13 %
Volatilidad anualizada	14.80 %
Sharpe	0.90
MAR	0.63
% de ganancias	29.62 %
Ganancias/pérdidas	6.41
Rentabilidad total	**2,077.88 %**

TABLA 20. Resultados de baja volatilidad en tendencia en largo.

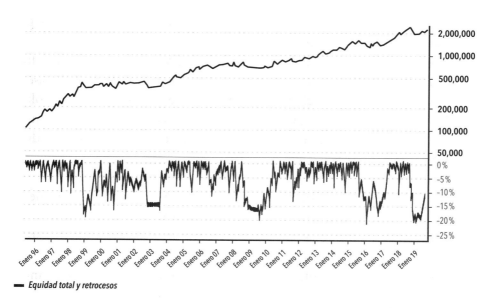

■ *Equidad total y retrocesos*

GRÁFICO 27. Curva de equidad variable para baja volatilidad en tendencia en largo.

Puedes ver que el rendimiento es del 13,3 %, pero el retroceso máximo es sólo del 21,1 %, lo cual es bueno, y el retroceso más largo es de treinta y cuatro meses, también bueno para el seguimiento de tendencias. Lo más interesante de este sistema es que la tasa de ganancias es sólo del 29,6 %; la relación ganancias/pérdidas es de 6,4:1, por lo que las operaciones que ganan funcionan bastante bien. Éste es un ejemplo clásico de un sistema de trading asimétrico. Puedes perder una pequeña cantidad repetidamente, pero de vez en cuando obtienes grandes ganancias que compensan todas las pérdidas.

Las personas que lo operan como un sistema único pueden sentirse incómodas con esa baja tasa de ganancias. Éste es un sistema que depende de nuestro principio central de reducir las pérdidas y dejar que las ganancias continúen hasta que se detengan.

Sistema 5: Reversión a la media en largo con retorno alto en ADX

- **Objetivo:** Comprar acciones que están en una tendencia alcista, que tienen una liquidación significativa (que es nuestro punto de compra) y que vuelven a su media. Éste sistema debe ser diferente a la liquidación en reversión a la media.
- **Creencias:** Después de una liquidación, la acción volverá a su media y continuará con la tendencia alcista.
- **Universo de trading:** Todas las acciones operadas en NYSE, AMEX y NASDAQ.
- **Filtro:**
  - Volumen medio diario durante los últimos cincuenta días de trading de al menos 500 000 acciones.
  - Volumen promedio en dólares de al menos 2,5 millones de dólares durante los últimos cincuenta días de trading. Estos dos filtros combinados aseguran que si operamos con acciones de bajo precio, tendremos suficiente volumen.
  - ATR superior al 4 %. Queremos negociar acciones volátiles porque éste es un sistema de reversión a la media y sólo opera con la acción durante unos días.
- **Configuración:**
  - Cierre superior del SMA de 100 días más un ATR de los últimos diez días. Esto mide una tendencia alcista más significativa.
  - El ADX de siete días es superior a cincuenta y cinco, lo que muestra una buena fuerza de movimiento.
  - El RSI de tres días es inferior a cincuenta. Esto indica un retroceso moderado.
- *Ranking:* ADX de siete días más alto.

111

- **Entrada:** Límite de compra del 3 % por debajo del cierre anterior. Estamos buscando acciones ligeramente sobrevendidas en grandes tendencias alcistas; al comprar al 3 % por debajo del cierre, estamos configurando una gran ventaja para capturar un rebote hacia la media. Con un sistema como éste, no siempre tendrás una cartera completa, porque no todas las acciones caerán otro 3 %. Puedes colocar diez órdenes y sólo ejecutar tres o cuatro de ellas.
- *Stop-loss:* Tres ATR de los últimos diez días por debajo del precio de ejecución. Ésta es un *stop-loss* amplia, pero necesitamos espacio para que las acciones caigan más abajo antes de que se revierta. No queremos que nos detengan antes de que las acciones vuelvan a la media.
- **Reentrada:** Sí
- **Protección de ganancias:** Ninguna
- **Toma de ganancias:**
  - Un ATR de los últimos diez días, luego vender en la apertura del mercado del día siguiente.
  - Base en el tiempo: Después de seis días de trading, si no se ha detenido y no se alcanzas el objetivo de ganancias, entonces sal del mercado en la apertura del día siguiente.
- **Tamaño de la posición:** 2 % de riesgo y 10 % de tamaño porcentual máximo.

2 de enero de 1995 - 24 de julio de 2019	Sistema de trading
% CAGR	17.24 %
Retroceso máximo	17.39 %
Volatilidad anualizada	12.66 %
Sharpe	1.36
MAR	0.99
% de ganancias	57.52 %
Ganancias/pérdidas	0.97
Rentabilidad total	**4,863.33 %**

TABLA 21. Resultados para la reversión a la media en largo con retorno alto en ADX.

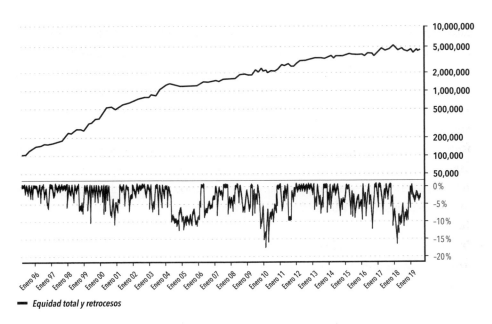

— *Equidad total y retrocesos*

GRÁFICA 28. Curva de equidad para la reversión a la media en largo con retorno alto en ADX.

Puedes ver que los sistemas de reversión a la media tienden a un retroceso menor que los sistemas de seguimiento de tendencias. Este sistema tiene una CAGR de 17,24 y un retroceso máximo de 17,4 %, lo que da como resultado un MAR de 0,99.

Sistema 6: Reversión a la media en corto en subida alta de seis días

- **Objetivo:** Un segundo sistema en corto de reversión a la media que no se superponga con un impulso en RSI en corto, buscando ganancias de acciones sobrecompradas. Este sistema puede perder dinero en los mercados alcistas, pero puede funcionar muy bien en los mercados laterales y bajistas.
- **Creencias:** Un aumento prolongado del precio de la acción significa que hay una gran posibilidad de que se corrija y vuelva a su media.
- **Universo de trading:** Todas las acciones en NYSE, AMEX y NASDAQ.
- **Filtro:**
    - Precio mínimo 5 $.
    - Volumen promedio en dólares 10 millones de dólares durante los últimos cincuenta días de negociación.

- **Configuración:**
    - El precio de las acciones ha aumentado al menos un 20 % durante los últimos seis días de trading.
    - Los últimos dos días tuvieron cierres positivos. Estos dos indicadores significan que la acción es muy popular; ha habido mucha presión de compra.
- *Ranking:* Mayor aumento de precios en seis días.
- **Entrada:** Límite de venta del 5 % por encima del cierre anterior. Esto crea una gran ventaja; estamos buscando que la acción suba un 5 % en el trading intradía antes de venderla en corto.
- *Stop-loss:* Tres ATR de los últimos diez días hábiles por encima del precio de ejecución.
- **Reentrada:** Sí
- **Protección de beneficios:** Ninguna, debido a la corta duración de la operación.
- **Toma de ganancias:**
    - 5 %, luego sal al cierre del mercado del día siguiente.
    - O salida basada en el tiempo después de tres días de mercado en el cierre.
- **Tamaño de la posición:** 2 % de riesgo de equidad en la operación y un máximo de 10 % de equidad del sistema involucrado en cualquier operación individual.

2 de enero de 1995 - 24 de julio de 2019	Sistema de trading
% CAGR	19.27 %
Retroceso máximo	32.40 %
Volatilidad anualizada	14.18 %
Sharpe	1.36
MAR	0.59
% de ganancias	60.92 %
Ganancias/pérdidas	0.59
Rentabilidad total	**7,480.28 %**

TABLA 22. Resultados para la reversión a la media corta en subida alta de seis días.

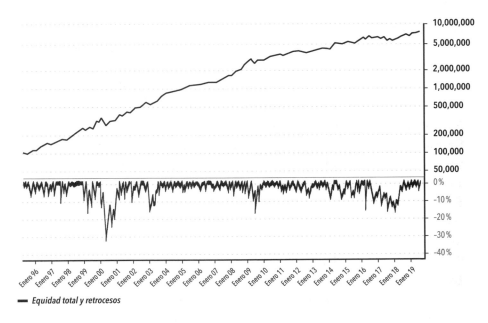

GRÁFICA 29. Curva de equidad para la reversión a la media corta en subida alta de seis días.

— *Equidad total y retrocesos*

Este sistema tiene una sólida tasa de crecimiento del 19 %. Ves un retroceso mayor que en el sistema anterior, del 32 %. Eso no es motivo de preocupación, porque cuando este sistema está perdiendo dinero, tus sistemas de mercado alcista lo están ganando. Observa cómo en el apogeo del mercado alcista de las puntocoms en 2000, cuando todos los sistemas en largo ganaron mucho dinero, tuvo su mayor caída, pero en 2008-2009 ganó mucho dinero.

Una nota de precaución

A medida que incorpores más sistemas, ten cuidado con el riesgo de bloqueo de los sistemas durante eventos extremos del mercado. Con esto me refiero a lo siguiente:

Puedes crear varios sistemas que operen en la misma dirección y con el mismo estilo, como el seguimiento de tendencias durante mucho tiempo. Pueden no estar correlacionados durante los mercados alcistas y laterales, ganando y perdiendo dinero en diferentes momentos y creando un escenario rentable general para ti. Sin embargo, durante grandes ventas masivas, estos sistemas pueden correlacionarse: todos pueden caer juntos. No creas que desarrollar múltiples sistemas largos te protege. Debes agregar sistemas que operen en corto.

Unirlo todo

A continuación, estos gráficos muestran los resultados combinados de los seis sistemas, operados 100 % en largo y 100 % en corto simultáneamente, de modo que en un día cualquiera nunca podemos estar más del 100 % en largo y del 100 % en corto:

- Cuatro sistemas en largo.
  - Dos seguidores de tendencias.
    · Sistema 1: Impulso alto en tendencia en largo (25 % del capital de trading).
    · Sistema 4: Baja volatilidad en tendencia en largo (25 % del capital de trading).
  - Reversión de dos medias.
    · Sistema 3: Venta masiva de reversión a la media en largo (25 % del capital trading).
    · Sistema 5: Reversión a la media en largo con retorno alto en ADX (25 % del capital de trading).
- Dos sistemas en corto.
  - Sistema 2: Impulso en RSI en corto (50 % del capital trading).
  - Sistema 6: reversión a la media en corto en subida alta de seis días (50 % del capital de trading).

2 de enero de 1995 - 24 de julio de 2019	Sistema de trading	SPY
% CAGR	35.30 %	8.02 %
Retroceso máximo	11.30 %	56.47 %
Volatilidad anualizada	12.18 %	18.67 %
Sharpe	2.90	0.43
MAR	3.12	0.14
Correlación de rendimiento diario con el punto de referencia	0.26	NA
Rentabilidad total	**167,592.19 %**	**562.51 %**

TABLA 23. Resultados para seis sistemas combinados.

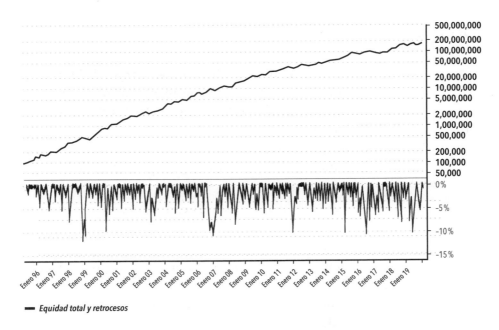

	500,000,000
	200,000,000
	100,000,000
	50,000,000
	20,000,000
	10,000,000
	5,000,000
	2,000,000
	1,000,000
	500,000
	200,000
	100,000
	50,000
	0%
	-5%
	-10%
	-15%

— **Equidad total y retrocesos**

GRÁFICO 30. Curva de equidad para seis sistemas combinados.

Recuerda que entre 1995 y 2019, nuestro índice de referencia, el S&P 500, entregó una CAGR del 8 %, con un retroceso máximo del 56 %, y el retroceso más largo de ochenta y seis meses.

En comparación, nuestros seis sistemas combinados no correlacionados generaron una CAGR del 35 %, un retroceso máximo del 11 % y un retroceso más largo de once meses. La volatilidad es dos tercios de la del índice de referencia.

Estos resultados son la octava maravilla del mundo. Es increíble lo bien que funcionan juntos los sistemas no correlacionados para suavizar la curva de equidad y entregar resultados consistentes independientemente de las condiciones del mercado.

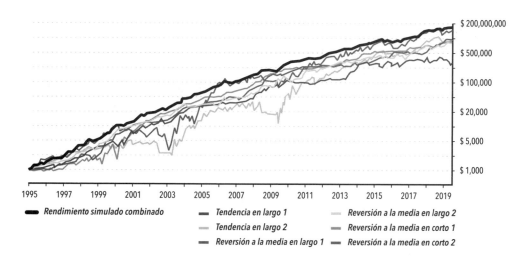

GRÁFICO 31. Curvas de equidad para seis sistemas y *suite* combinada.

Legend:
- Rendimiento simulado combinado
- Tendencia en largo 1
- Tendencia en largo 2
- Reversión a la media en largo 1
- Reversión a la media en largo 2
- Reversión a la media en corto 1
- Reversión a la media en corto 2

%	ENE	FEB	MAR	ABR	MAYO	JUN	JUL	AGO	SEP	OCT	NOV	DIC	ANUAL	SPY	COMPARACIÓN
1995	1.34	1.19	5.17	0.52	5.57	4.67	2.65	5.36	10.33	-2.29	4.60	1.51	**48.28**	35.16	**13.12**
1996	2.81	5.54	2.96	2.62	1.69	0.49	-0.08	-1.16	4.55	4.38	2.22	0.84	**30.14**	20.31	**9.82**
1997	7.43	3.47	3.12	9.88	1.96	8.57	5.22	1.69	4.62	0.58	5.75	4.45	**73.38**	31.39	**42.00**
1998	2.52	7.53	4.28	9.60	1.01	6.03	0.27	-7.56	6.50	-2.58	4.31	4.71	**41.76**	27.04	**14.72**
1999	7.07	6.04	4.94	8.54	7.07	3.41	4.68	8.11	1.79	5.46	2.89	2.57	**83.58**	19.11	**64.47**
2000	-2.44	4.60	8.45	2.95	7.25	-3.22	3.92	1.24	6.07	7.17	6.49	7.39	**61.73**	-10.68	**72.41**
2001	0.59	6.40	3.63	4.12	5.15	0.52	4.46	1.74	-1.09	3.10	2.42	3.70	**40.49**	-12.87	**53.36**
2002	3.66	3.04	1.52	4.08	3.57	1.65	1.18	2.65	0.59	-3.35	-0.05	1.20	**21.36**	-22.81	**44.17**
2003	-0.15	2.80	4.17	2.15	7.22	14.02	5.09	4.03	6.45	3.11	5.91	5.06	**78.32**	26.12	**52.20**
2004	7.72	2.07	-0.27	-1.54	1.17	3.38	-1.17	2.70	3.10	2.92	7.41	2.55	**33.58**	8.94	**24.64**
2005	0.83	8.34	3.62	-1.32	5.64	4.10	3.82	0.38	3.09	1.50	6.04	1.05	**42.13**	3.01	**39.12**
2006	4.31	-1.13	7.26	3.21	6.01	-2.20	-1.78	-0.05	-0.79	1.81	2.48	0.80	**21.23**	13.74	**7.49**
2007	3.46	-1.60	-0.86	5.63	3.51	0.94	-0.01	8.56	4.99	8.48	-1.36	8.47	**47.37**	3.24	**44.13**
2008	-3.38	5.80	1.93	2.72	3.63	4.58	6.49	1.63	2.73	1.67	3.50	4.85	**42.28**	-38.28	**80.56**
2009	2.41	1.06	0.80	5.58	0.16	-1.56	0.75	3.68	7.39	0.50	1.44	2.41	**26.85**	23.49	**3.53**
2010	-1.45	3.55	2.55	5.76	-1.89	1.33	3.02	-1.55	6.18	3.52	2.44	0.53	**26.32**	12.84	**13.48**
2011	-0.37	1.96	2.00	-0.78	3.26	1.21	2.15	-4.26	0.41	5.23	1.96	1.67	**15.08**	-0.20	**15.28**
2012	2.46	2.90	3.72	2.20	2.23	-1.80	-0.20	0.79	3.28	-0.90	1.94	0.24	**18.04**	13.47	**4.57**
2013	5.76	0.65	1.25	1.62	8.82	-1.88	1.80	0.67	4.84	1.94	4.21	-3.09	**29.40**	26.69	**-0.29**
2014	-0.04	8.79	5.13	3.83	1.00	1.28	0.37	3.20	-4.33	1.15	5.12	4.73	**34.00**	11.29	**22.71**
2015	1.92	1.42	2.86	-3.73	4.28	0.71	2.10	0.11	-2.01	0.48	3.00	-0.20	**11.23**	-0.81	**12.04**
2016	-3.88	0.54	3.70	-0.36	-1.38	6.16	-0.53	-3.57	0.97	-0.38	5.53	5.79	**12.59**	9.64	**2.94**
2017	1.29	-1.02	4.32	0.88	3.90	-2.36	1.89	4.28	4.78	6.05	2.31	0.38	**29.81**	19.38	**10.42**
2018	8.64	-2.91	-2.36	0.99	6.05	0.24	2.62	2.85	4.08	-5.95	2.26	-2.26	**14.18**	-6.35	**20.53**
2019	2.51	3.42	6.00	-2.31	-2.44	2.98	5.05						**15.85**	20.61	**-4.76**

TABLA 24. Resultados mensuales combinados para seis sistemas.

Estos gráficos juntos muestran lo constantes que son ahora los rendimientos. Hay una preponderancia de meses de rentabilidad positiva, y la peor rentabilidad fue del 7,56 % en agosto de 1998. Ésta es otra representación de suavizar la curva de equidad variable. Los sistemas combinados amortiguan la volatilidad de la curva de equidad variable, que es excelente en los años bajos, pero en los años alcistas significa que es posible que el sistema no supere al índice.

CAPÍTULO 10

El riesgo de lo desconocido

Sistema 7

Aunque tenemos una muestra de datos de *backtesting* que abarca veinticuatro años, ¡eso no significa que tengamos una representación perfecta de lo que puede suceder en el futuro! Es perfecto para el pasado y muy robusto. Pero no incorpora escenarios que hayamos visto en el pasado y sepamos que pueden ocurrir, como el crac de 1929 o el crac de 1987.

Imagina que comienzas a operar y sucede lo siguiente:

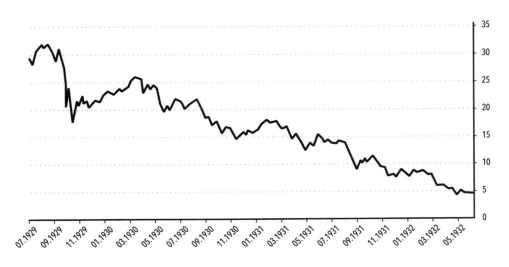

GRÁFICO 32. Índice S&P 500: la Gran Depresión 1929-1932, −86%.

O pasa esto:

GRÁFICO 33. Época inflacionaria del S&P 500: 1968-1982 (sin ajustar por inflación).

O te encuentras con esto:

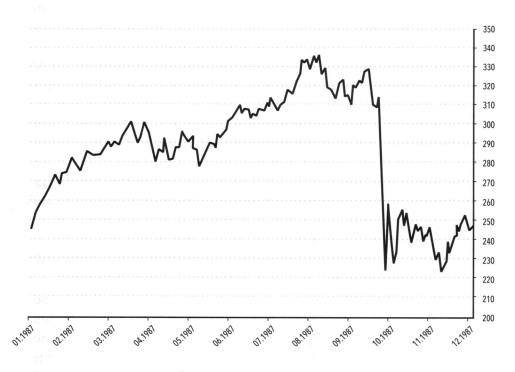

GRÁFICO 34. S&P 500: crac de 1987.

¿Los gráficos anteriores se parecen en algo a nuestra muestra de *backtest?*

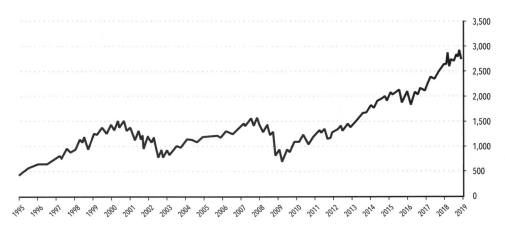

GRÁFICO 35. S&P 500: 1995-2019: Nuestro tamaño de muestra.

Obviamente, no se parecen. Sólo hemos podido realizar una prueba retrospectiva en una muestra que representa un mercado bastante alcista. El futuro podría ser muy diferente. Por lo tanto, necesitamos pensar conceptualmente sobre lo que podría suceder.

Aunque operamos con sistemas de venta al descubierto para protegernos durante las recesiones, éstos tienen algunos riesgos:

- Un riesgo es que el gobierno prohíba las ventas en corto de acciones individuales.
- Otro riesgo es que el corredor no tenga acciones disponibles para que tú vendas las acciones en corto.
- Otra situación que aún no hemos considerado: el impulso a la baja del mercado.

Actualmente los sistemas de venta en corto que hemos presentado son sistemas de reversión a la media. Los sistemas de reversión a la media en corto requieren una situación de sobrecompra como configuración, para poder vender en corto (ahí es donde obtenemos la gran ventaja).

¿Qué pasa si esa situación de sobrecompra no sucede?

¿Qué pasa si el mercado vende y sigue bajando? Esto puede suceder y sucedió en los cracs de 1929 y 1987.

El mercado podría literalmente seguir cayendo y no tendríamos ninguna posición en él, no tendríamos la capacidad de obtener una ganancia en el lado corto para compensar las pérdidas que estamos experimentando en el lado largo. No tendríamos ninguna posición en corto porque no habría configuraciones, no habría ninguna situación de sobrecompra que nuestros sistemas de reversión a la media pudieran aprovechar.

La posibilidad de que esto suceda tal vez no sea tan alta, pero cuando suceda, lamentarás no haber estado preparado.

Esto nos lleva al último tramo de la *suite:*

Seguimiento de tendencia en corto a largo plazo

Este sistema vende al descubierto cuando el mercado tiene una tendencia bajista y muestra un claro impulso bajista. Luego saltamos; a medida que el mercado sigue vendiendo, obtenemos grandes ganancias con este sistema.

Sin embargo, a la mayoría de las personas no les gusta un sistema en corto de seguimiento de tendencias porque los resultados parecen terribles en el *backtest* (ya que tenemos un tamaño de muestra alcista, y esto se beneficia de las grandes recesiones).

Para apreciar el valor de este sistema, cambia tu forma de pensar. En lugar de esperar que este sistema gane dinero regularmente, considéralo como un seguro de salud: algo que te cuesta un poco de dinero y que esperas no utilizar nunca, pero que, si lo necesitas, estarás muy contento de tenerlo.

Recuerda que realizamos un *backtest* de los resultados que favorecen los sistemas de impulso largo, pero el futuro puede ser y será diferente. Necesitamos un sistema que sea nuestra póliza de seguro. En la muestra de *backtest* actual, una tendencia a largo plazo que sigue a un sistema en corto es un perdedor neto, y lo más probable es que se produzca en operaciones reales. Pero cuando ocurra un evento realmente catastrófico, te alegrarás de tener esa póliza de seguro.

No deberíamos preocuparnos por el rendimiento único de este sistema porque el objetivo de este sistema en particular no es ser un ganador neto. El objetivo es ganar dinero en una situación de mercado específica en la que se garantizará que los sistemas largos serán perdedores y los sistemas cortos de reversión a la media podrían no estar en el mercado.

Considera esta pequeña pérdida anual como una prima de atención médica: pagas el precio cada año, pero sabes que si sucede algo realmente malo, estás cubierto.

Sistema 7: Cobertura de catástrofe

- **Objetivo:** Un sistema que vende en corto cuando el mercado muestra un impulso a la baja que nos garantiza estar en una posición en corto. Debe ser un instrumento muy líquido, y preferiblemente ese instrumento es replicado por un derivado en caso de que no sea en corto. El objetivo clave de este sistema es ganar dinero cuando el mercado cae en pleno impulso.
- **Creencias:** Habrá momentos en los que los mercados se vendan con tal impulso que necesitemos un sistema que nos proteja en ese movimiento a la baja. Duran-

te nuestra vida veremos algunos eventos catastróficos en el mercado de valores y debemos estar preparados para ellos. Necesitamos un seguro para nuestra larga exposición. Este sistema no funciona en la mayoría de los tipos de mercado, sólo en los movimientos bajistas extremos, por lo que el rendimiento individual de este sistema es irrelevante.

- **Universo de trading:** SPY (ETF del S&P 500).
  - Éste es uno de los instrumentos más líquidos.
  - En caso de un momento loco que no sea en corto, podemos utilizar varios derivados como futuros u opciones que tendrían un movimiento direccional igual.
- **Filtro:** Ninguno
- **Configuración:** El cierre del SPY es el cierre más bajo de los últimos cincuenta días.
- **Clasificación:** Ninguna.
- **Entrada:** En la apertura del mercado del día siguiente.
- ***Stop-loss:*** Tres ATR de los últimos cuarenta días de trading.
- **Protección de ganancias:** Nos mantenemos en la posición en corto hasta que el cierre del SPY sea el cierre más alto de los últimos setenta días, luego salimos del mercado del día siguiente en la apertura.
- **Toma de ganancias:** Ninguna.
- **Tamaño de la posición:** Para este ejemplo, he elegido un simple 100 % de nuestra equidad total ya que es sólo un símbolo (no utilizaremos el 100 % de nuestra equidad total en la *suite* combinada).

Como ya se mencionó, los resultados parecen terribles a primera vista, ¡pero también lo son tus gastos en seguros de salud durante los últimos veinticuatro años!

2 de enero de 1995 - 24 de julio de 2019	Sistema de trading	SPY
% CAGR	-4.81 %	8.02 %
Retroceso máximo	70.24 %	56.47 %
Volatilidad anualizada	11.97 %	18.67 %
Sharpe	-0.40	0.43
MAR	-0.07	0.14
Rentabilidad total	**-70.17 %**	**562.51 %**

TABLA 25. Resultados para la cobertura de catástrofe.

Sin comprender el pensamiento conceptual detrás de este sistema, preguntarías, «¿De qué sirve un sistema como éste?». Pero echemos un vistazo a la curva de equidad:

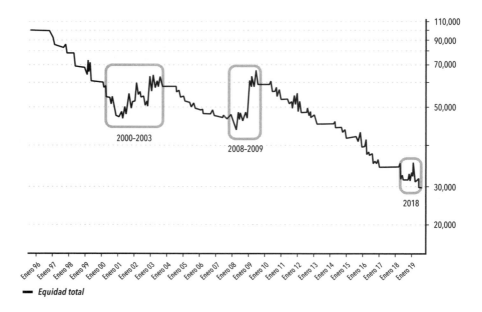

GRÁFICO 36. Curva de equidad para la cobertura de catástrofe.

En los cuadrados redondeados se ve exactamente cuándo se gana dinero: en tiempos de crisis.

Vayamos un paso más allá y probemos este sistema mucho más atrás, desde 1927. No podemos utilizar el SPY para eso (el ETF no existía entonces), así que hemos usado el índice S&P 500.

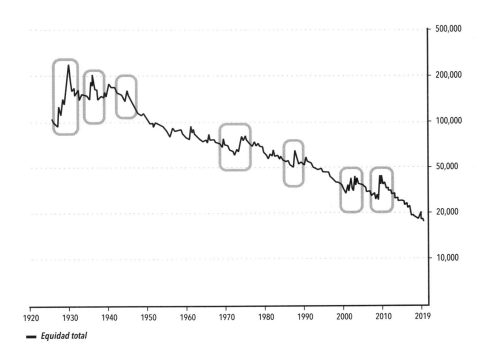

GRÁFICO 37. Curva de equidad para la cobertura de catástrofe, 2019.

De nuevo, vemos el mismo patrón: pierde dinero hasta que realmente necesita ganar dinero.

Veamos algunos números reales. Las mejores quince operaciones:

Fecha de entrada	Entrada ejecutada	Fecha de salida	Salida ejecutada	Beneficio, %
1931.04.16	15.98	1932.03.07	8.82	**44.2**
2008.06.23	1,318.00	2009.05.04	907.24	**30.4**
1937.09.02	15.36	1938.06.23	11.03	**27.7**
1973.11.15	102.43	1975.01.28	76.03	**25.8**
1929.10.22	28.27	1930.02.05	23.31	**17.9**
2000.10.09	1,402.03	2001.12.06	1,167.10	**16.5**
1941.10.08	9.98	1942.06.05	8.37	**16.0**
1987.10.13	314.52	1988.02.22	265.64	**15.7**

Fecha de entrada	Entrada ejecutada	Fecha de salida	Salida ejecutada	Beneficio, %
1932.04.01	7.18	1932.08.01	6.11	14.6
1946.07.16	17.97	1946.12.20	15.50	13.7
1940.05.11	11.80	1940.08.12	10.38	12.0
1962.04.13	67.90	1962.11.15	59.97	11.7
1957.08.07	47.03	1958.01.30	41.68	11.4
1930.09.26	19.43	1931.02.11	17.28	10.9
2002.06.04	1,040.69	2003.05.05	926.55	10.6

TABLA 26. Las 15 mejores operaciones, cobertura de catástrofe.

# Operaciones	Año	Ganancia, %
1	1931	36.40
1	2008	31.80
1	1974	27.00
3	1937	26.20
1	1929	19.10
3	1930	19.00
1	1987	18.00
2	1941	12.90
1	1957	12.00
1	2001	10.20
2	1962	9.30
3	1946	8.10
1	2018	7.00
2	1973	5.90

TABLA 27. Años más rentables, cobertura de catástrofe.

Como puedes ver, este sistema puede ser increíblemente útil cuando más lo necesitamos. Pero tiene su precio. Habrá muchos años de pérdidas. De hecho, en el *backtest* sólo el 14 % de las operaciones son ganadoras. El resto son perdedoras. La mayoría de los años tendrá un rendimiento negativo.

Nuestra estrategia es combinar esto con nuestra *suite* existente de seis sistemas. En este ejemplo, he elegido una asignación del 20 % de nuestro capital, reduciendo parte de la asignación a los sistemas en corto de MR y moviendo ese dinero al sistema STL en corto de cobertura de catástrofe.

Me sentiría cómodo con un número como éste porque cuando el mercado caiga con el tipo de impulso que vimos en 1929, 1987 o 2008, muchas, pero no todas, nuestras posiciones largas se cerrarán. No necesitamos asignar demasiado a la cobertura de catástrofe porque no estamos completamente expuestos en el lado largo.

Los siete sistemas juntos

A continuación, los gráficos muestran los resultados combinados de los siete sistemas, incluido el de cobertura de catástrofe. Así es como asignamos la equidad entre los sistemas:

- **Cuatro sistemas en largo**
    - Dos seguimientos de tendencias.
        - Sistema 1: Impulso alto en tendencia en largo (25 % del capital de trading).
        - Sistema 4: Baja volatilidad en tendencia en largo (25 % del capital de trading).
    - Reversión a dos medias.
        - Sistema 3: Venta masiva de reversión a la media en largo (25 % del capital de trading).
        - Sistema 5: Reversión a la media en largo con retorno alto en ADX (25 % del capital de trading).
- **Tres sistemas en corto**
    - Dos sistemas de reversión a la media:
        - Sistema 2: Impulso en RSI en corto (40 % del capital de trading).
        - Sistema 6: Reversión a la media corta en subida alta de seis días (40 % del capital de trading).
    - Un sistema de seguimiento de tendencias.
        - Sistema 7: Cobertura de catástrofe (20 % del capital de trading).

2 de enero de 1995 - 24 de julio de 2019	Sistema de trading	SPY
% CAGR	30.44 %	8.02 %
Retroceso máximo	11.83 %	56.47 %
Volatilidad anualizada	11.22 %	18.67 %
Sharpe	2.71	0.43
MAR	2.57	0.14
Rentabilidad total	**68,115.39 %**	**562.51 %**

TABLA 28. Resultados para los siete sistemas combinados.

En comparación con el rendimiento combinado de seis sistemas que mostré al final del capítulo 9, vemos un éxito en CAGR, aunque no mucho más, porque los sistemas de reversión a la media lo hicieron muy bien en los mercados bajistas.

Si alguna vez terminamos en otra catástrofe, o en un momento en el que las acciones no se pueden vender en corto, o en escenarios de impulso puramente a la baja como el de 1929-1932 o el crac de 1987, te alegrarás de haber incluido la cobertura de catástrofe en tu combinación de sistemas de trading.

CONCLUSIÓN

Si has leído hasta aquí, comprenderás que el tipo de rendimiento de inversión que describo no es humo. Se puede lograr con autoconocimiento, disciplina y el compromiso de construir sistemas con los que operarás de manera consistente. La estrategia de trading de construir sistemas combinados no correlacionados que he descrito en este libro reduce el dolor y la ansiedad, y aumenta tu capacidad para permanecer en el mercado y lograr tus objetivos financieros, lo que debería respaldar tus objetivos de vida.

El trading de múltiples sistemas no correlacionados de manera automatizada con datos al final del día tiene muchos muchos beneficios. En mi experiencia, y la de mis alumnos, éstos son algunos de los más importantes:

- No necesitas sentarte frente a la pantalla todo el día. Introduces órdenes todos los días antes de que abra el mercado, lo que, dependiendo de la cantidad de sistemas múltiples con los que operes, te ocupará entre diez minutos y una hora al día.

- Una vez que hayas hecho el trabajo de construir tus sistemas para que se ajusten a tu estilo, situación y tolerancia al riesgo, puedes dejar que tu ordenador haga el trabajo y que simplemente ejecute las operaciones. La mayoría del trabajo de trading se automatiza, lo que te libera para disfrutar de tu vida personal.

- No necesitas ver las noticias o consultar los periódicos.

- No necesitas preocuparte por el estado económico del país, porque ganas dinero tanto cuando la economía es buena como cuando es mala.

- No prestas atención a los fundamentos de las empresas con las que operas. En otras palabras, todo el ruido diario sobre qué acciones tienen grandes perspectivas o tienen serios problemas se vuelve irrelevante.

- Realmente tendrás una vida, porque no estarás atrapado frente a las pantallas, no te preocuparás por la economía, por las advertencias de la Fed, por las advertencias de ganancias o por cualquier otra cosa. Sigues las instrucciones informatizadas del sistema de trading antes de que abra el mercado y el resto del día haces lo que quieres.

- Debido a que has creado sistemas que comprendes y en los que crees, no experimentas ansiedad en torno al trading. Te preocupas mucho mucho menos por lo que está haciendo el mercado; de hecho, el comportamiento del mercado es casi irrelevante.

- Tienes la capacidad de ganar dinero en mercados alcistas, bajistas y laterales, nuevamente, lo que te brinda tranquilidad y ausencia de ansiedad.

- Puedes obtener rendimientos anuales constantes de dos dígitos, con la escala de esos rendimientos correlacionada con tu tolerancia al riesgo.

- Tus retrocesos serán significativamente más bajos que los de los mercados (una vez más, reduciendo tu ansiedad). Recuerda, el S&P 500, Warren Buffett y muchos otros han tenido reducciones de más del 50 %. Dependiendo de tu nivel de riesgo, puedes obtener grandes rendimientos que superen al mercado sin siquiera comenzar a acercarte a esas grandes reducciones. Tus retrocesos podrían ser fácilmente tres veces más bajos y aun así vencerás al mercado.

Al final, el enfoque que he descrito en este libro simplemente brinda tranquilidad. No es fácil al principio. Hay mucho trabajo duro.

Sin embargo, la recompensa es una enorme comodidad en tu trading y la libertad de vivir tu vida en lugar de preocuparte por tu dinero.

No puedes hacerlo a medias. Tienes que apegarte a ello y entones tendrás períodos de inactividad. La mayoría de los traders fallan porque pierden los nervios y salen cuando la tensión es demasiado grande.

Si comprendes los conceptos que he explicado y eres hábil con la programación, te insto a que sigas lo que he descrito y construyas tus sistemas tú mismo. Realmente puedes tener éxito como trader, como lo he experimentado yo y también mis alumnos.

Sin embargo, para muchas personas hacer todo esto por sí mismas puede ser complejo y consumir mucho tiempo. Podrías dedicar años al ensayo y error.

Si necesitas ayuda para construir tus sistemas de acuerdo con tus creencias, tu tolerancia al riesgo y tus objetivos, con el resultado final de una *suite* de sistemas de trading que, una vez hecho, te ocupará sólo treinta minutos al día ejecutar (o incluso puede automatizarse), soy mentor de un grupo selecto de personas que considero los traders más inteligentes.

Si crees en los conceptos que he descrito, pero no tienes el tiempo o la habilidad para desarrollar sistemas de trading por tu cuenta, o simplemente te sientes abrumado por la cantidad de trabajo que implica, me gustaría ponerme en contacto contigo.

Visita este enlace para saber cómo trabajo con clientes en Trading Mastery School: https://*trading*masteryschool.com/private-coaching

Puedes leer sobre mi programa Elite Mentoring y completar una solicitud. Te seguiré personalmente. Visita tradingmasteryschool.com para obtener más información.

Operar con múltiples sistemas no correlacionados no es mágico, pero cuando lo haces bien, los resultados pueden parecerlo.

El efecto combinado de operar simultáneamente en múltiples sistemas no correlacionados, cada uno con su propia ventaja para un tipo particular de comportamiento del mercado, puede brindar esa rara combinación de trading de rendimiento superlativo, riesgo reducido y mayor tranquilidad.

¿Quién no quiere eso?

Laurens Bensdorp es el fundador y director ejecutivo de Trading Mastery School, TradingSystems.com, y autor de *The 30-Minute Stock Trader: The Stress-Free Trading Strategy for Financial Freedom*.

Comenzó su carrera como guía e instructor de *rafting* en aguas bravas, y trabajó en Alemania, Austria, Turquía, Israel, República Dominicana, Costa Rica, Argentina, España, Brasil y Chile. En el año 2000 vendió su empresa de *rafting* en México para trabajar como gerente de inversiones en una firma en los Países Bajos.

Infeliz en un entorno corporativo y sin capacitación formal en matemáticas o finanzas, Laurens emprendió su propio estudio de varios años sobre el trading de éxito, educándose a sí mismo sobre el trading y la gestión de riesgos. Pasó la siguiente década refinando plataformas de trading automatizadas e impulsadas por algoritmos para maximizar las ganancias mientras limitaban el riesgo y mantenían el tiempo de gestión prácticamente a cero. Desde 2007, su rendimiento ajustado al riesgo ha sido cinco veces mejor que el S&P 500.

Laurens apareció en el libro de Van Tharp *Trading Beyond the Matrix*. Es el único autor que enseña a operar con sistemas combinados, sistematizados y automatizados, y actualmente opera él mismo con una combinación de más de cincuenta sistemas.

Con fluidez en seis idiomas, Laurens, si no está viajando, vive con su familia en el sur de España.

Laurens es uno de los fundadores de la Fundación Albenco, que ayuda a los estudiantes de secundaria en Colombia a obtener becas educativas. Todas las ganancias netas de la venta de este libro serán donadas a la fundación.

Contactar con Laurens (en inglés)
Web: TradingMasterySchool.com
Correo electrónico: info@TradingMasterySchool.com Twitter: @laurensbensdorp
Para publicaciones de blog y otra información gratuita: TradingSystems.com

ÍNDICE